SILVER
LINING
BOOKS

NEW YORK

CUBANTIME

A Celebration of Cuban Life in America

Una celebración de las costumbres cubanas en los Estados Unidos

Giselle Balido

Photographs by C.M. Guerrero

Foreword by Celia Cruz

To Abuela Nana, in loving memory. To my parents: your love and kindness bless my life. And especially to Cindy and Kidi, for your love and support. I couldn't have done it without you. And to José Raúl Pérez-Aguilera, whose idea it was to create this book. You clearly have kept Cuba in your heart.

A la memoria de mi querida Abuela Nana, que me enseñó lo que es el amor incondicional. A mis padres, porque su amor y su bondad infinita bendicen mi vida. Y especialmente a Cindy y a "Kidi Violet", por su amor, su apoyo y su presencia. No hubiera podido escribir este libro sin ustedes. Y a José Raúl Pérez-Aguilera, de quien fue la idea para hacer este libro. Está claro que has mantenido a Cuba en tu corazón.

—Giselle Balido

My contribution to this book is dedicated to my father, Adalberto, and the two women I miss beyond words: my late mother, Elva, and my late sister, Sylvia.

Dedico mi contribución a este libro a mi padre, Adalberto, y a dos mujeres que extraño más de lo que puedo expresar con palabras: mi madre, Elva, y mi hermana Sylvia, ambas fallecidas.

—C. M. Guerrero

For information address:
Silver Lining Books, 122 Fifth Avenue, New York, NY 10011

Silver Lining Books and colophon are registered trademarks.

Editorial Director:	Barbara J. Morgan
Editor:	Marjorie Palmer
Editorial Associates:	Cynthia De Saint, Roberto Uría Hernández
Design:	Richard J. Berenson
	Berenson Design & Books, Ltd., New York, NY
Production:	Della R. Mancuso
	Mancuso Associates, Inc., North Salem, NY

Library of Congress Cataloging-in-Publication Data is available on request.

ISBN 0-7607-2690-6

Printed in the United States of America

First Edition

Contents/Contenido

Foreword
Introducción
Celia Cruz

I LEFT MY BELOVED Cuba in 1960, and like my compatriots in exile, I will not return until our beautiful island is free. I went to live in New York City, where I performed with the great Tito Puente and brought our country's "feeling" to my Cuban audience, who missed our faraway island so much. Since then I've traveled the world, visiting Japan, Spain, and other countries in Europe and in Latin America. In all of these places, my husband, Pedro Knight, and I have had the immense good fortune of having our Cuban music received with love and respect.

But after all the traveling, an artist always dreams of going back to his roots. Where were mine, now that we could not return to my adored homeland? My family and I have found Cuba in the great Cuban communities in West New York and Union City, New Jersey; in Tampa and Key West, Florida; and of course, in that second Cuba—Miami. But we have also felt at home in smaller Cuban communities, found in places like Houston, Chicago, and Los Angeles, and in Puerto Rico, Venezuela, Mexico, and Spain.

This very special book celebrates all our

D EJE MI ADORADA Cuba en el año 1960, y como mis compatriotas en el exilio, no regresaré hasta que mi bella isla sea libre. Me fui a vivir a la ciudad de Nueva York, donde eché raíces y formé un "matrimonio musical" con el gran Tito Puente, para llevarle el sentimiento de mi tierra a los cubanos, que tanto extrañaban a nuestra patria lejana. Desde entonces, he recorrido el mundo: desde los países hermanos de América Latina, hasta España, el resto de Europa y el Japón. En todos ellos mi esposo, Pedro Knight, y yo, hemos tenido la inmensa suerte de que el público siempre reciba nuestra música con respeto y amor.

Pero después de tanto viajar, el artista siempre añora retornar a sus raíces. ¿Dónde estaban las mías, si no podía regresar a mi tierra querida? Mi familia y yo hemos encontrado a Cuba en el exilio, en las grandes comunidades cubanas, como las de Union City, New Jersey; Tampa y Cayo Hueso, Florida y, por supuesto, en esta segunda Cuba que es Miami. También hemos sentido ese calor cubano en las comunidades más pequeñas como las de Houston, Chicago y Los Angeles, y en las de Puerto Rico, de Venezuela, de México y de España.

compatriots who have managed to keep our roots alive in exile and who have worked hard and prospered in this wonderful country to which we feel so grateful and love so much. They have taught their children and grandchildren to love our homeland. It is my prayer that one day we may meet in a free and sovereign Cuba.

Este libro tan especial es un tributo a todos aquellos que en el exilio han sabido mantener vivas nuestras raíces; a todos los que han luchado y han prosperado en este maravilloso país, al que tanto le agradecemos y al que tanto queremos. Ellos les han enseñado a sus hijos y a sus nietos a amar nuestra tierra. Ruego a Dios que pronto podamos reunirnos en una Cuba soberana y libre.

Recreating Paradise
Recrear el Paraíso

IT IS A BALMY NIGHT in downtown Miami. A happy, noisy crowd—the women in soft, light dresses, the men relaxing in *guayaberas* and sandals—is milling around South West Eighth Street. A small group gathers to listen to three elderly gentlemen sing *punto guajiro,* the music from the Cuban countryside. A few paces down, whole families browse through a street gallery of Cuban landscapes, while young children sip *guarapos* and munch on *churros*. A *santera* reads the future on seashells next to a couple who sell the collected poems of José Martí.

"Nostalgia is the memory of the soul."
—Cuban writer Guillermo Cabrera Infante.

On the next block, an impromptu conga line weaves its way around some delighted visitors. Music is everywhere. It blares from the speakers of a record store; it lingers in the air in the wake of a float decorated with Cuban flags. And it comes from the people themselves, young and old, who sing and dance with exuberance. This is Viernes Cultural—

EN UNA CÁLIDA NOCHE de verano, en la ciudad de Miami, una muchedumbre alegre y bulliciosa se arremolina en la Calle Ocho del Suroeste. Las mujeres, en su mayoría, visten ropas de telas frescas y coloridas; y muchos de los hombres andan relajados en cómodas guayaberas y en sandalias. En una esquina, un diverso grupo escucha a tres señores mayores que tocan punto guajiro, la hermosa música de la campiña cubana. A unos pocos pasos de ellos, familias enteras admiran una colección de cuadros de paisajes cubanos en una improvisada galería al aire libre, mientras los niños toman guarapo y comen churros. Frente a una botánica, una santera lee el futuro tirando los caracoles y, al lado, una pareja vende una edición de los "Versos Sencillos", de José Martí.

"La nostalgia es la memoria del alma".
—Guillermo Cabrera Infante, escritor cubano.

En la cuadra siguiente, la larga línea de una conga se cuela entre los transeúntes, que disfrutan de la contagiosa algarabía y se unen a la celebración.

The young and the old get in touch with their roots during Cultural Friday at Calle Ocho, a popular street celebration featuring Cuban music and art.

Niños y mayores disfrutan durante el "Viernes Cultural en la Calle Ocho", un evento lleno de música y folclor, que tiene lugar el último viernes de cada mes, en La Pequeña Habana.

Cultural Friday—in Calle Ocho, and the exile community in Miami is reveling in its enduring love for all things Cuban.

"I love the atmospheric climate as well as the spiritual climate of this city. I love hearing Cuban voices and familiar expressions as I walk the streets. It does my Cuban heart good to see the old ladies walk to the corner store with their *jabitas* (small shopping bags), and the old men in *guayaberas* play dominoes in the park," says Alina Madrigal, a resident of Little Havana, the charming, uniquely flavored area around Eighth Street that is the heart of Cuban Miami. In this small enclave, Cubans can suspend disbelief…and believe that they are still in their beloved homeland. The bodegas; the tobacco shops, where cigars are hand-rolled by expert *tabaqueros;* the music; the people; the signs; and the mouthwatering aromas of authentic Creole food all contribute to this strong cultural presence. "I live in Miami because I can't live in Cuba," Alina says simply.

But although Miami is the center of the Cuban exile community, there are other large Cuban communities in the United States. That same strong feeling of *cubanidad* is replicated in Key West and Tampa, Florida, and in Union City and the neighboring cities of Elizabeth and West New York, New Jersey.

La música no solo brota de las bocinas de una tienda de discos y flota en el aire, detrás de una carroza decorada con banderas cubanas, sino que también surge de la gente misma, de los jóvenes y de los viejos que, para decirlo "en buen cubano", cantan y "le meten al baile con ganas": es el Viernes Cultural en la Calle Ocho y la comunidad del exilio disfruta y celebra el amor por sus raíces cubanas.

"Amo el clima espiritual de esta ciudad. Cuando camino por las calles, me gusta escuchar las voces de mi gente y nuestras expresiones tan familiares. Me encanta ver a las viejitas ir a la bodega de la esquina con sus jabitas, y ver a los viejos en guayaberas jugar dominó en el parque", dice Alina Madrigal, una residente de La Pequeña Habana, esa encantadora y pintoresca área en los alrededores de la Calle Ocho, que es reconocida por todos por su sabor tan único y por ser el corazón del Miami cubano. En este pequeño enclave, los cubanos pueden creer que aún viven en su Cuba del alma. Y es que tanto las bodegas como las tabaquerías, donde los tabacos se hacen a mano, como la música, la gente y los deliciosos aromas de la auténtica cocina criolla, contribuyen a crear esta fuerte presencia cultural. "Vivo en Miami porque no puedo vivir en Cuba", afirma con sencillez Alina.

Sin embargo, aunque nadie discute que Miami

A Cuban beach boy (right) and his American buddy (left) stop at rustic Rancho Los Cocos, in Miami's Coral Way, for a thimble-size "shot" of Cuban coffee before heading for the beach.

Un joven cubano (derecha) y su "socio" americano (izquierda) hacen una parada en el "Rancho Los Cocos", en Coral Way, para tomarse un cafecito antes de seguir su viaje a la playa.

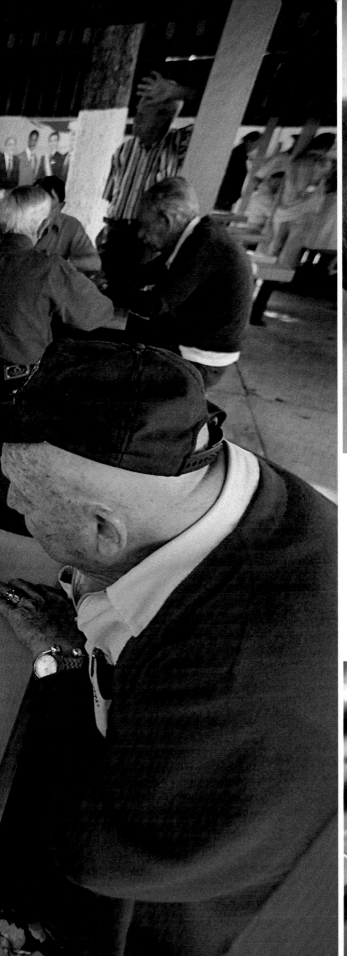

Groups of men play dominoes–a Chinese game that the Spanish brought to Cuba over five hundred years ago–at El Parque del Dominó (Domino Park). Located at Calle Ocho and 15th Avenue, this small fenced square is equipped with tables and chairs for the players. It's a favorite place to while away a warm day.

Los viejitos juegan dominó–un juego chino que los españoles llevaron a Cuba hace más de quinientos años–en "El Parque del Dominó". Ubicado en la Calle Ocho y la Avenida 15 del Suroeste, este pequeño espacio con cercas está habilitado con mesas y sillas para los jugadores. Es el lugar perfecto para pasar las horas.

"This is Havana!" declares Jorge Pérez, a resident of Union City. "I live across from a Cuban bakery, and every morning I buy a *flauta* of Cuban bread from an old guy who makes it the way he made it in Cuba. As I walk the streets, I hear the music of La Lupe and Willy Chirino coming out of the windows. And when I stop at an outdoor coffee counter to drink Cuban coffee, I smell the aroma of cigars like the ones my grandfather used to smoke when I was a child. It's a comforting feeling."

This was not always so. When large numbers of Cuban exiles began to arrive in the United States in 1959, there was no community to welcome them, no Little Havanas with familiar sights and sounds. Accustomed to a land where social ties were strong, the exiles' feelings of displacement and nostalgia were almost overwhelming. In their homeland, Cubans kept their front doors wide open, and neighbors, family, and friends walked in and out of the house all day long. Families were large and close-knit; community life was active. Just going to the bodega was a social event!

"At first we felt very vulnerable and alone," recalls one of these early refugees. "Here in Miami, everything was different. In the American market, for example, the cashier didn't make conversation with you, and even if she did, I didn't speak one

es "la Meca" del exilio cubano, existen otras "Pequeñas Habanas" en los Estados Unidos. Ese mismo hondo sentimiento de cubanidad se puede encontrar en Key West y Tampa, en la Florida, y en Union City y las ciudades vecinas de Elizabeth y West New York, en New Jersey.

"¡Esto es La Habana!", declara Jorge Pérez, un residente de Union City. "Yo vivo al frente de una panadería cubana, y todas las mañanas le compro una flauta de pan a un señor que lo hornea igual que lo hacía en Cuba. Al caminar por las calles, oigo la música de Celia Cruz y de Willy Chirino salir por las ventanas. Y cuando paro en un café a tomarme un "cortadito", puedo oler el aroma de un tabaco, igualito a los que fumaba mi abuelo cuando yo era un niño".

Esto no siempre fue así. Cuando los cubanos comenzaron a llegar a los Estados Unidos, en 1959, no hallaron una comunidad de compatriotas que los recibiera con los brazos abiertos, ni una "Pequeña Habana" con sus lugares y sonidos familiares. Acostumbrados a vivir en un país gregario y sociable, la sensación de desplazamiento y de nostalgia de los exiliados era abrumadora. En Cuba, las puertas y las ventanas de las casas se mantenían abiertas hasta prácticamente la hora de dormir, y los vecinos, los familiares y los amigos entraban y salían de la casa el día entero. Las familias eran numerosas y muy

West New York, New Jersey, has a substantial Cuban exile community. Marching joyously in a Cuban parade are Mayor Albio Sires and Commissioner of Revenue and Finance José "Pepe" Miqueli, both Cuban Americans.

En West New York, New Jersey, hay una gran comunidad cubana. El alcalde de esa ciudad, Albio Sires, y José "Pepe" Miqueli, Comisionado de Ingresos y Finanzas, ambos cubanoamericanos, participan en un alegre desfile cubano.

Cuban American children celebrate their roots at the José Martí Parade, held every January to commemorate the birth of the Cuban patriot and author of La Edad de Oro, *the classic book of children's stories and poems.*

Los niños cubanoamericanos honran sus raíces durante el desfile en honor a José Martí.
Esta celebración se lleva a cabo todos los años, en enero, para conmemorar el natalicio del gran patriota cubano y autor de ese inmortal libro para niños (y también para adultos) que es "La Edad de Oro".

word of English! I was a laboratory technician in my country; here, I was a thread cutter in a factory. I learned to sew during my lunch hour, just so that I could make seventy-five more cents an hour. I remember that when I saw a Lady of the Evening shrub in my new neighbor's yard, I burst into tears because I'd had one in Cuba. It was comforting to know that it could flower in Miami."

And so Cubans began planting other reminders of their homeland in every city where they settled. Institutions such as Los Municipios de Cuba en el Exilio (Cuban Municipalities in Exile) began to spring up, intent on preserving the history and social fabric of the cities and small towns of Cuba. These organizations gave their compatriots the opportunity to socialize and feel at home. More important, they fostered a sense of belonging.

"We didn't leave our country because we were not making it there. We loved Cuba! And because we were so abruptly uprooted, we became passionate about not letting our roots die. We all felt that it was a duty to preserve our heritage," says Alina Madrigal. "When we moved to Miami, we

apegadas; la vida social de la comunidad era tan activa, que hasta ir a la bodega constituía un evento social.

"Al principio nos sentíamos muy vulnerables y muy solos", recuerda uno de estos primeros refugiados. "Aquí todo era tan diferente. En el supermercado americano, por ejemplo, la cajera no conversaba con uno, e incluso si lo hubiera hecho, yo no le habría entendido una sola palabra, porque no hablaba inglés. En mi país yo era técnica en un laboratorio; aquí, cortaba hilitos en una factoría. Para poder ganar setenta y cinco centavos más por hora, tuve que aprender a coser durante mi hora de almuerzo. Recuerdo que cuando vi una mata de 'Galán de noche' en el patio de mi vecina, me eché a llorar porque yo tenía una en Cuba. Me dió mucha alegría saber que esa planta también florecía en Miami".

Y así fue que los cubanos comenzaron a sembrar otros recuerdos de su patria en todas las ciudades en las que echaban raíces. Se crearon instituciones como "Los Municipios de Cuba en el Exilio", con la intención de preservar la historia y la composición social de los pueblos y ciudades de Cuba. Estas organizaciones les dieron a sus compatriotas la oportunidad de hacer vida social y de sentirse como "en casa". Y lo que es aún más

Cuba Siempre de Niños del Universo, a children's folklore dance troupe performs a pachanga at the annual fair of the Municipios de Cuba en el Exilio (Cuban Municipalities in Exile) at the Flagler Dog Track in Miami.

"Cuba Siempre de Niños del Universo", un grupo infantil de danza folclórica, participa en una alegre pachanga durante la feria anual de Los Municipios de Cuba en el Exilio, que se celebra en el "Flagler Dog Track", en Miami.

celebrated every Cuban holiday as if we were back home. My parents read me the poems of José Martí, taught me patriotic songs, and always, always, inculcated in me a strong love for Cuba. The message at home was 'You must remember where you came from and what we had.'"

Paradise Lost

Cubans have always been passionately in love with their island home in the Caribbean. The country that discoverer Christopher Columbus called "the most beautiful land human eyes have ever seen," was close to a tropical paradise. Before the exile began, Cubans thrived on their sun-kissed island where, the folk wisdom went, the soil was so fertile a person had only to drop a few seeds to reap a harvest. Music was an integral part of the island's life. It sounded from balconies, bodegas, and outdoor cafés. At any hour of the day or night, street musicians would improvise a raucous *descarga* (jam session).

"Havana was a spectacular city. The theaters, the hotels, the nightlife! We had wonderful writers, artists, and musicians. And the countryside was so beautiful and charming!" say twin sisters Sahara and Haydée Scull, the famed artists and folklorists who have been living in Miami since 1969. "We were fascinated by our own country."

importante, ayudaron a crear una sensación de pertenencia.

"Hay que entender que nosotros no dejamos nuestro país por problemas económicos. ¡Amábamos a Cuba! Y como fuimos desarraigados de una manera tan abrupta, nos apasionamos con la idea de no dejar jamás que nuestras raíces murieran", explica Alina Madrigal. "Cuando llegamos a Miami, celebramos cada fiesta cubana como si estuviéramos en nuestro país. Mis padres me leían los poemas de José Martí, me enseñaron las canciones patrióticas y siempre, siempre, me inculcaron el amor por Cuba. El mensaje en casa era: 'Debes recordar de donde vienes y lo que somos'".

El Paraíso perdido

Los cubanos siempre han estado perdidamente enamorados de su isla en el mar Caribe. El país que su descubridor, Cristóbal Colón, llamó "la tierra más hermosa que ojos humanos han visto", era casi un paraíso tropical. Antes de que comenzara la diáspora, los cubanos ya amaban su patria besada por el sol, donde la tierra es tan fértil que, según el folclor popular, bastaba con tirar unas semillas en cualquier sitio para recoger una cosecha. La música era el corazón del pueblo, y se dejaba escuchar desde los balcones, desde las bodegas o desde los cafecitos al aire

The older generation stays in shape by dancing a fast-moving salsa at the Little Havana Activities and Nutrition Center.

Los viejitos se mantienen en forma bailando una salsa muy movidita en el "Centro de Actividades y Nutrición", de La Pequeña Habana.

19

Leaving Paradise

That all changed virtually overnight. In the early hours of January 1, 1959, Fidel Castro and his rebel army took over the island. Castro promptly abolished the electoral process, seized property from the rich, and confiscated all foreign businesses and interests in Cuba. Food and other everyday necessities soon were rationed. People began standing in long lines for hours to buy the scant goods available and often went home empty-handed.

Even the most nostalgic of exiles does not claim that pre-Castro Cuba was perfect; like any other country in the world, it had its social and political problems. "But any troubles we had did not need a Castro to solve them," exclaims Ismael Pérez, who left in 1967. The new Cuba, he says, "was not the homeland we knew and loved."

And so, beginning in 1959, men, women, and children began to leave the country in large numbers. The overwhelming majority sought asylum in the United States. Starting in December of 1960 and throughout 1961, the Pedro Pan Flights airlifted over fourteen thousand children to the United States, as Cubans sought to ensure that their children would live in a free country. The little ones traveled alone and were placed with foster families or in shelters until their parents could join them. For most of

libre. A cualquier hora del día o de la noche, los músicos callejeros improvisaban sabrosas "descargas" y muchos se detenían a escuchar o a "descargar" con ellos.

"La Habana era una ciudad espectacular. ¡Los teatros, los hoteles, la vida nocturna! Teníamos maravillosos escritores, pintores y músicos. Y el campo era tan bello y encantador...", recuerdan esas famosas pintoras, escultoras y folcloristas que son las hermanas Sahara y Haydeé Scull, que residen en Miami desde 1969. "Los cubanos vivíamos fascinados con nuestro país".

Adiós al Paraíso

Pero de la noche a la mañana virtualmente todo cambió. En las primeras horas del 1 de enero de 1959, Fidel Castro y su ejército rebelde tomó el control del país. Castro inmediatamente acabó con las elecciones multipartidistas, intervino y confiscó las propiedades privadas y nacionalizó sin indemnización todos los negocios e intereses extranjeros en Cuba. Los alimentos y las otras necesidades básicas pronto fueron racionadas. La gente comenzó a hacer largas colas para comprar los pocos productos disponibles y muchas veces regresaba a casa con las manos vacías.

La isla había sido encantadora, pero ni el más nostálgico exiliado sostiene que la Cuba precastrista era perfecta; como cualquier otro país del mundo, tenía problemas de índole social y político. "Pero cualesquiera

Cuban Memorial Boulevard, in the heart of Little Havana, is a touching tribute to the valiant men and women lost in the quest for a free Cuba.

"Cuban Memorial Boulevard", en el corazón de La Pequeña Habana, es un sentido tributo a todos los hombres y a todas las mujeres que han caído en su lucha por la libertad de Cuba.

Paradise remembered. Above: The countryside, dotted with Royal Palm trees as far as the eye can see. Below: Varadero Beach, world famous for its powder-fine sand and crystal clear blue water. According to visitors, even chest deep in water one can see the seashells on the bottom. Right: Havana before Castro. The Paseo del Prado, the beautiful boulevard in Old Havana, extends all the way to the Malecón, the seawall along the Havana coastline. In the background stands Morro Castle, built by the Spaniards to protect the city from pirates.

Recordando el Paraíso. Arriba: La hermosa campiña cubana, con sus verdes palmas reales perdiéndose en la lejanía. Abajo: La playa de Varadero es mundialmente famosa por su arena blanca y fina, como el talco, y por sus cristalinas aguas azules. Según los que la han visitado, cuando alguien se sumerge hasta la altura del pecho, todavía puede ver los caracoles del fondo. Derecha: La Habana pre-castrista: "El Paseo del Prado", el bello boulevard de La Habana Vieja, llega casi hasta "El Malecón", el muro que se extiende a lo largo de la costa habanera. Al fondo se ve el "Castillo del Morro", construido hace siglos por los españoles para proteger la ciudad de los piratas.

them, the experience was unforgettable.

"As the plane took off and picked up altitude, I looked out the window. Through the small glass square I could see the brilliant blue of the ocean. I could also glimpse a sliver of land. It disappeared from view very fast. I was hoping to see my mother! I was only seven years old when I left my country, but not a day goes by that something doesn't bring back memories of Cuba. Snatches of old children's songs. A Cuban expression, a smell, a taste, a photograph. Anything can take me back," says Lissette Rodríguez.

By 1962, over two hundred thousand Cubans had entered the United States. By 1973, that number had grown to over half a million. Most settled in Miami, mainly in the area of Spanish-style homes around South West Eighth Street, close to downtown Miami. The area was soon dotted with bodegas, bakeries, restaurants, pharmacies, and beauty salons. The Tower Theatre on Calle Ocho began showing movies with Spanish subtitles, and Little Havana was born.

With time and growing prosperity, the *cubaneo* expanded into neighboring suburbs. Geographically, the exiles were spreading out, but their sense of community in their new land was, if anything, growing stronger day by day.

que hayan sido nuestros problemas, no hacía falta un Fidel Castro para resolverlos", exclama Ismael Pérez, que dejó Cuba en el año 1967. "La nueva Cuba revolucionaria no era la patria que todos conocíamos y amábamos", afirma.

Y así fue que, en 1959, hombres, mujeres y niños comenzaron en masa a dejar la isla. La inmensa mayoría buscó asilo en los Estados Unidos. Comenzando en diciembre de 1960 y durante todo el 1961, la operación conocida como "Pedro Pan" trasladó en vuelos a más de 14 mil niños, que tuvieron que viajar solos. A pesar de lo difícil de la separación, estos padres simplemente querían que sus hijos crecieran en libertad. Los pequeños fueron reubicados en refugios religiosos y estatales o con familias que se encargaban de cuidarlos hasta que sus padres pudieran reunirse con ellos. Para la mayoría de estos niños, la experiencia fue trágicamente inolvidable.

"Apenas el avión despegó y se elevó en el aire, miré por la ventanilla. Por ese cuadradito podía ver el azul del mar y un filito de tierra. ¡Yo tenía la esperanza de ver a mi mamá! Sólo tenía 7 años cuando dejé mi país, pero no pasa un sólo día sin que algo me traiga recuerdos de Cuba. Un pedacito de una canción infantil. Una expresión como "¡Alabao!"; un olor, un sabor, una fotografía, cualquier cosa me lleva de regreso a Cuba", dice Lissette Rodríguez.

Freedom Tower, the graceful building on Biscayne Boulevard where the first Cuban exiles arrived, was neglected for many years. Today, beautifully renovated under the supervision of Cuban architect Raúl Lorenzo Rodríguez, it houses an interactive museum, a library, and a treasure trove of memories of the Cuban exodus. Jorge Mas Santos, chairman of the Cuban American National Foundation, calls it "our Ellis Island."

"La Torre de la Libertad", ese bello edificio en Biscayne Boulevard a donde llegaron los primeros exiliados cubanos, estuvo abandonada durante varios años. Hoy, bellamente reconstruida bajo la supervisión del arquitecto cubano Raúl Lorenzo Rodríguez, la torre alberga un museo interactivo, una biblioteca y una vasta colección de recuerdos del éxodo cubano. Jorge Mas Santos, presidente de la Fundación Nacional Cubanoamericana, la llama "nuestra isla Ellis".

Freedom: An Exile's Perspective

"When I arrived in Miami in 1995, I was awestruck. I realized that this city is my homeland, the one that was denied me in Cuba. I began to discover a treasury of Cuban writers, artists, and musicians. I rediscovered Celia Cruz, a singer I had been denied in Cuba for some time, as well as Willy Chirino and Guillermo Portabales. In exile I have even discovered flavors and ingredients absent from the food in Cuba! Here, I've had the opportunity to read authors banned in their own country: Reynaldo Arenas, Zoé Valdés, Guillermo Cabrera Infante. I am a writer, and my stories have been published in several languages. Yet I was banned in Cuba, and for years I couldn't find a job in my field,  even though there were openings. In the United States I am free to write without censure, and if I choose, I can self-publish my books.

I am very grateful to live in Miami. I feel enriched; enriched through a very painful circumstance, but enriched nonetheless. Of course, there is the immense pain of leaving my family. And yet I have not lost my roots, for in exile I have found a Cuba that I didn't know existed."

—Roberto Uría Hernández.

La Libertad vista por un exiliado

"Cuando llegué a Miami, en el año 1995, me quedé maravillado. Rápidamente me di cuenta de que esta ciudad sería para mí la patria que me negaron en Cuba. Por aquel entonces, comencé a descubrir todo un tesoro de escritores, de pintores y de músicos cubanos. Redescubrí a la gran Celia Cruz, a quien durante tanto tiempo me negaron, a Willy Chirino y a Guillermo Portabales, por solo poner algunos ejemplos. En este exilio, incluso he podido descubrir sabores y aromas que ya no existen en la cocina de la Cuba actual. Aquí, he tenido la oportunidad de leer a autores "prohibidos" como Reynaldo Arenas, Zoé Valdés y Guillermo Cabrera Infante. Escribo cuentos, y algunos de ellos han sido traducidos a otros idiomas y publicados en diversos países. Por razones ideológicas y políticas estaba marginado en Cuba, y durante muchos años no pude ni trabajar en mi campo profesional, las letras, aunque había puestos disponibles. En los Estados Unidos soy libre de escribir sin censura y, si lo deseo, puedo publicar yo mismo mis libros. Me siento bendecido por vivir en Miami, mi otra Cuba viva. Aquí, gracias a Dios, me he enriquecido y he crecido, aunque ha sido a través de una circunstancia muy dolorosa: haber dejado a mi familia. Sin embargo, sé que habrá nuevos horizontes donde plantaremos las raíces que no se han perdido porque aquí, en el destierro, seguimos soñando con la Cuba, amorosa y rica, que nos merecemos todos".

—Roberto Uría Hernández.

The New Arrivals

With the airlift ended, Cubans continued to find ways to leave their country, although in smaller numbers. Then in April of 1980 a bus driver crashed his bus into the heavily guarded Peruvian Embassy in Havana, seeking asylum. Almost immediately, ten thousand men, women, and children jammed themselves into the building and surrounding grounds, desperate to leave the country. In an act of defiance, Fidel Castro declared that anyone who wished to leave was free to go, and opened the Mariel harbor for what became Cuba's biggest boatlift. Most of the Marielitos, as the new arrivals were called, settled in Miami.

It has been said that in Cuba, where citizens can't vote in regular elections, people vote "by water," and so throughout the '90s, *balseros* (rafters) arrived in Florida almost daily. Men and women, sometimes carrying children as young as six months old, braved the open sea in crude, often dangerously flimsy, homemade rafts. A great number were intercepted along the way and sent to the United

Ya para el año 1962, más de doscientos mil cubanos se habían refugiado en los Estados Unidos. En 1973, la cifra había crecido a más de medio millón. Muchos de los nuevos exiliados se reunieron con familiares que vivían en New York, en Tampa, en Key West y en Union City, New Jersey, que entonces era conocida como "La Habana en el Hudson". Sin embargo, la inmensa mayoría se fue a radicar a Miami, mayormente en la zona de casas antiguas, de estilo español, alrededor de la Calle Ocho del Suroeste, cerca del "downtown" (el centro comercial de Miami).

Muy pronto esa zona se llenó de bodeguitas, de panaderías, de farmacias y de peluquerías. El "Teatro Tower" de la Calle Ocho comenzó a exhibir películas con subtítulos en español... y nació "La Pequeña Habana".

Con el tiempo y la creciente prosperidad de los exiliados, la comunidad cubana se extendió hasta las ciudades vecinas de Westchester y Hialeah. Geográficamente, los exiliados se propagaban en su país adoptivo y al mismo tiempo, su sentido de la cubanidad, y de la importancia de preservar sus raíces, se hacía más fuerte cada día.

A people's desperate quest for freedom is symbolized in this sculpture:
Monumento al Balsero (Monument to Rafters).

La desesperada lucha de los cubanos por llegar a tierras de libertad
es representada en esta escultura nombrada "Monumento al Balsero".

The beautiful Spanish-style architecture of Little Havana, with its quiet sidewalks and palm-shaded streets, helps exiles feel as if they were still walking–or riding–the streets of their cities and small towns in Cuba. Some residents, like Elvira Dago (bottom, left), pay tribute to both homeland and adopted country.

La bellísima arquitectura de estilo español de La Pequeña Habana, con sus aceras tranquilas y sus calles bordeadas de palmas, ayuda a sus residentes a sentir que caminan o se transportan por las calles de las ciudades y los pueblitos de Cuba. Algunos residentes, como Elvira Dago (abajo, izquierda), les rinden tributo a su tierra natal y a su país adoptivo.

States Naval Base in Guantánamo to await entry into the mainland.

"Those of us in Guantánamo Base didn't know what we would find in America," says Yolanda Hernández, who left Cuba with her family in a makeshift raft. "We had been told many things about the United States—how hard we'd have to work, how difficult it would be. We had many months to speculate and worry about it. But nothing prepared us for Miami."

When they finally arrived, what the *balseros*

La nueva ola

Cuando el gobierno de Cuba suspendió el llamado "Puente Aéreo", los cubanos continuaron buscando formas de salir del país por diferente vías, aunque en cantidades menores. Entonces, en abril de 1980, un guaguero (chofer de ómnibus) estrelló su ómnibus contra las rejas de la Embajada del Perú, en La Habana, y pidió asilo político. Casi inmediatamente, más de diez mil hombres, mujeres y niños invadieron el edificio y los jardines que lo rodeaban, desesperados por dejar el país, en un caso único de asilo politico masivo en la Historia. En un gesto de desafío, Fidel Castro anunció que todo el que quisiera irse de Cuba era libre de hacerlo, y abrió el Puerto del Mariel, creándose así el éxodo marítimo más grande de la historia de Cuba. La mayoría de los "marielitos" fueron a residir a Miami.

Se ha dicho que en Cuba, donde los ciudadanos no pueden votar en elecciones libres multipartidistas, la gente "vota con los botes", y por lo mismo, durante los años 90, ahora los llamados "balseros", muchas veces con niños en los brazos y navegando en endebles balsas improvisadas, llegaban a la Florida casi a diario. Otros, los que no morían en el intento, fueron interceptados en el camino y enviados a la base Naval de los Estados Unidos en Guantánamo, hasta que les dieron el permiso para viajar a los Estados Unidos.

Cuando finalmente llegaron a tierras de libertad, lo que los balseros hallaron en Miami, y en todas esas otras "Pequeñas Habanas" los sorprendió y los maravilló. Desde el año 1959, sus compatriotas se habían dedicado a construir una segunda Cuba en los Estados Unidos.

These Cuban men wear the traditional hat worn by the guajiros,
the peasants from the countryside, with the typical guayabera *shirt.*

*Estos caballeros cubanos llevan el sombrero típico de los guajiros
y visten la clásica guayabera bordada.*

Coca-Cola and Pelota

It was no accident of the tides that landed so many Cuban exiles in America. Perhaps because of its location—Havana lies just ninety-two nautical miles from Key West—the cultural and economic ties between Cuba and the United States had always been strong. Between the 1800s and Castro's takeover in the 1950s, American investments in Cuba grew into billions of dollars. And according to Louis A. Pérez, Jr., author of *Cuba: Between Reform and Revolution*, by the 1950s "Cuba operated almost entirely within the framework of the economic system of the United States."

Unlike the people in most Latin American countries, Cubans felt a strong kinship with the American culture and way of life. Like their cousins up north, they loved *pelota* (baseball), drank Coca-Cola, shopped at Havana's own Sears department store, and flocked to Saturday matinee cowboy movies. Cubana Airlines' daily flights from Havana to Miami took under sixty minutes, and upper-class Cubans found it convenient to shop in Florida. Afterward, they could enjoy a *cafecito* at La Rumba restaurant, proud possessor of the city's first Cuban coffee machine. In addition, many of the island's rich sent their children to school in the United States, cementing strong ties between the two countries from generation to generation.

Coca-Cola y pelota

No fue por accidente o por circunstancias del destino que tantos cubanos fueron a radicar al sur de la Florida. Quizás por su localización, ya que La Habana se encuentra a sólo 92 millas náuticas de Cayo Hueso, en la Florida, los lazos culturales y económicos entre Cuba y los Estados Unidos siempre han sido fuertes. Entre 1800 y la llegada de Fidel Castro, las inversiones norteamericanas en Cuba se estimaban en unos cuantos billones de dólares. Y, según Louis A. Pérez Jr., autor de "Cuba: Between Reform and Revolution", ya en los años 50 "Cuba operaba casi completamente dentro del cuadro del sistema económico de los Estados Unidos".

Al contrario de muchos países de la América Latina, los cubanos siempre sintieron una gran admiración e identificación con el estilo de vida norteamericano. Al igual que sus "vecinos del norte", los cubanos amaban la pelota, tomaban "Coca-Cola", iban de compras a la tienda por departamentos "Sears", de La Habana, e iban a la matineé del sábado a ver películas de "cowboys". Los vuelos diarios a Miami de "Aerolíneas Cubanas" tomaban menos de 60 minutos, y los cubanos de dinero viajaban a la Florida para ir de compras. Después, podían disfrutar de un cafecito en el restaurante "La Rumba", orgulloso dueño de la primera máquina de hacer café cubano de la ciudad. Además de esto, los ricos enviaban a sus hijos a estudiar a los Estados Unidos, consolidando así los lazos entre los dos países, de generación en generación.

found in Miami—and other Cuban communities they gravitated to—made them feel surprisingly at home. The stores, the food, the music, the institutions, the language ... everything—or almost everything—was just as it was in pre-Castro Cuba.

To a remarkable degree, and sometimes against all odds, hardworking Cubans of all ages, races, and social classes had achieved something very special: They had re-created paradise.

✦ ✦ ✦

The pages that follow attempt to capture the spirit of this vibrant people. This book is in no way a comprehensive history of the Cuban experience in exile. The community is so diverse that it becomes impossible to encompass its richness in the pages of a single work. But it is a loving and heartfelt celebration of the Cuban exiles' success in transplanting their culture, heart and soul, into American soil, and a tribute to many of their remarkable achievements in this, their adopted homeland.

Increíblemente, los cubanos de todas las edades, las razas y las clases sociales, habían logrado recrear un pedacito de su Paraíso en el exilio.

✦ ✦ ✦

Las páginas que siguen han tratado de captar el espíritu de esta vibrante comunidad cubana. Sin embargo, este libro no intenta ser una historia definitiva de la experiencia de los cubanos en el exilio porque es tanta la diversidad que resulta imposible recoger toda la riqueza y toda la complejidad de una sola vez. Lo que el lector tiene entre sus manos es una celebración por el éxito con el que los cubanos han logrado transplantar su cultura, alma y corazón a tierras norteamericanas.

The Faces of Cuban America
Los Cubanos de los Estados Unidos

MENTION THE WORDS "Cubans in America" and almost everyone thinks of Miami. With its palm trees and balmy weather and its close proximity to the island of Cuba, Miami has become the capital of the exile community in the United States.

But geography—and weather—are not always destiny. Other Cuban communities not only exist but thrive around America. In these places, some of them cold and snowy at times, with cultures very different from the island, Cubans have settled in and made a home for themselves. Driven by their intense love for all things Cuban and their equally intense need to be part of a group, nourished by people who share their values and their customs, Cubans have managed to form Little Havanas in some very unexpected places.

One of these places is Union City, New Jersey, directly across the Hudson River from New York.

"No matter where we settle, we can never forget our country, because Cuba is our memories of childhood."
–Mirta Rodríguez

MENCIONE a los cubanos de los Estados Unidos, y casi todos piensan en Miami. Con sus esbeltas palmeras, su clima cálido y su cercanía a la isla de Cuba, Miami se ha convertido en la capital de la comunidad cubana exiliada en los Estados Unidos. Pero la geografía –y el clima– no siempre son determinantes. Existen otras comunidades de exiliados cubanos en los Estados Unidos tan prósperas como la de Miami. En estos lugares, algunos de ellos fríos y nevados parte del tiempo, y muy diferentes culturalmente a la isla, los exiliados han forjado su segunda patria. Impulsados por su intenso amor por todo lo cubano, y su igualmente intensa necesidad de ser parte de un grupo y de sentirse apoyados por personas que compartan sus valores y sus costumbres, ellos han creado "Pequeñas Habanas" en lugares realmente inesperados.

Uno de ellos es Union City, en New Jersey, que está

"No importa donde echemos raíces, nunca vamos a olvidar a nuestro país, porque Cuba es nuestros recuerdos de la niñez".
–Mirta Rodríguez

Acela Piñero, a young ABC (American-born Cuban).

Acela Piñero, una joven "ABC" o "American Born Cuban".

Improbable though it seems, Union City—a place whose climate could not be more different from tropical Cuba—attracted its first Cuban immigrants during the 1940s. It was then that residents of Fomento, a town in the central part of the island, learned of the city's embroidery factories and migrated there looking for steady work. After Castro's takeover, the comforting presence of over two thousand compatriots in Union City attracted Cubans fleeing the dictator's regime. Many of the new arrivals settled on Hudson Street and Bergenline Avenue, and like their predecessors, worked mostly in factories. Those with a little capital established small family-owned businesses—pharmacies, bakeries, and bodegas—to satisfy the growing exile community's most immediate needs.

For a homesick refugee, miles from Cuba and in the midst of a vastly different culture, these modest restaurants and bodegas were a spiritual sanctuary as well, places where they felt safe and accepted. Cubans sometimes paid more when shopping in a bodega, just to feel "closer to home."

By the mid-1970s, two thirds of Union City's population was Cuban, and it became known as Havana on the Hudson. But all the time, that other Havana-in-exile, in Miami, was growing. The lure of family members who had settled there, and the

separada de Nueva York solo por el Río Hudson. Por muy improbable que parezca, Union City, cuyo clima no podía ser más diferente al clima tropical de Cuba, atrajo a sus primeros inmigrantes cubanos durante los años 40. Fue en esa época que los residentes de Fomento, una ciudad localizada en la parte central de la isla, descubrieron las fábricas de bordados de esa ciudad del norte y emigraron a ella en busca de trabajo estable. Después de la llegada de Fidel Castro, en 1959, la presencia reconfortante de más de 2000 compatriotas radicados en esa zona, atrajo a los cubanos que huían del comunismo. Muchos de los recién llegados se instalaron en la misma Union City y cerca de la Avenida Bergenline. Y como sus predecesores, trabajaron mayormente en factorías. Aquellos que tenían algún capital, establecieron pequeños negocios familiares como farmacias, panaderías y bodegas, con el fin de satisfacer las necesidades más inmediatas de la creciente comunidad de exiliados.

Ya para mediados de los años 70, dos terceras partes de la población de Union City se componía de cubanos, y la ciudad fue bautizada como "La Habana en el Hudson". Pero al mismo tiempo, esa otra "Habana en el exilio", Miami, continuaba creciendo. El "llamado de la sangre" de los familiares que se instalaron en esa ciudad y la idea de disfrutar de un

Famous Cuban paparazzo Raul "El Gordo" De Molina informs his gossip-loving audience of the latest celebrity scoops on his television show, El Gordo y La Flaca.

El famoso "paparazzo" cubano Raúl "El Gordo" De Molina, con su programa "El Gordo y La Flaca", mantiene a los televidentes al tanto de los últimos chismes faranduleros.

prospect of year-round warm weather, proved too strong for family-oriented, sun-loving Cubans. By the 1990s, a significant number of the city's Cuban residents had decamped south.

Still, Union City continues to have the largest concentration of Cubans outside South Florida. And although it is true that many New Jersey Cubans long for the subtropical clime of Miami and plan to move there when they retire, a great number take pride in not succumbing to its attractions. They want to keep a part of their homeland alive in what they call Cuba's northernmost province. Walk most streets, and the names of the stores are reminiscent of pre-Castro Havana: El Encanto, La Milagrosa Botánica and Flower Shop, La Popular. In neighboring Elizabeth and Hoboken, the unmistakable aroma of Cuban coffee and Cuban bread wafts out of small bakeries and *fonditas* (tiny family restaurants) and the sign welcoming visitors to the city of West New York reads, SPONSORED BY THE WEST NEW YORK CUBAN LIONS.

Across the Hudson

While New York City is not a hub of *cubanía*—there is no *exilio* equivalent to Little Italy or to Chinatown— there is a Cuban presence among the city's millions. It appears unexpectedly, in a tiny bodega where the meat is cut "Cuban style," in a pharmacy with a sign at the entrance announcing MEDICINAS A CUBA (We ship medicines to Cuba) or in Spanish-language theater companies, like Teatro Repertorio Español, that stage

clima cálido todo el año, resultaron irresistibles para los cubanos, amantes de la familia y del sol, y para los años 90 un número significativo de residentes de Union City emigraron al Sur. A pesar del éxodo masivo, Union City sigue teniendo la comunidad de cubanos exiliados más grande, fuera del Sur de la Florida. Y aunque es cierto que muchos cubanos de New Jersey añoran el clima sub-tropical de Miami, y planean retirarse allí, un gran número se siente orgulloso de no sucumbir ante sus encantos: quieren mantener un pedacito de su país vivo en lo que llaman "la provincia más al norte de Cuba." Camine por cualquier calle, especialmente a lo largo de la Avenida Bergenline, y los nombres de las tiendas le recordarán a La Habana pre-castrista: "El encanto", "La Milagrosa, botánica y florería", "La popular"... El olor inconfundible (al menos para un cubano) del café recién colado y del pan acabado de salir del horno brota de las panaderías y fonditas en ciudades cercanas como Elizabeth y Hoboken, y el letrero a la entrada de la ciudad de West New York, que da la bienvenida a los visitantes, reza: "Auspiciado por los Leones Cubanos de West New York".

Tierra de frío y trabajo

Aunque en la ciudad de los rascacielos no existe un equivalente para los cubanos de la Pequeña Italia o del barrio chino de Chinatown, la presencia de los exiliados se deja sentir entre los millones de habitantes de Nueva York. Esta aparece de pronto, en una bodeguita donde la carne se corta "a la cubana",

Remembering a heroine. Lourdes Aguila founded La Liga Contra el Cáncer in 1975 in Miami. Before succumbing to lymphoma in 1999, Aguila, with her yearly telethon, helped save the lives of thousands of cancer victims.

Recordando a una heroína: En 1975, Lourdes Aguila fundó, en Miami, "La Liga Contra el Cáncer". Antes de fallecer víctima de un linfoma, en 1999, su telemaratón anual ayudó a salvar las vidas de miles de personas.

Above: Aleida Leal is an institution in the Cuban entertainment community. During the '60s and '70s, before Miami became a hub of the Latin entertainment world, this versatile actress helped found avenues for Spanish-language theater, radio, and television in Little Havana.

Arriba: Aleida Leal es una institución de la farándula cubana en el exilio. Durante los años 60 y 70, mucho antes de que Miami se convirtiera en el llamado "Hollywood latino", esta versátil actriz y locutora ayudó a abrir caminos para el teatro, la radio y la televisión en español en La Pequeña Habana.

Right: Hairstylist to the stars: He left Cuba with his parents in 1962 and grew up in Chicago, where he dreamed of becoming an internationally famous hair stylist. With a lot of hard work, the colorful, charismatic Samy went on to have his own salons and product line. . . as well as his own star on Calle Ocho's Walk of Fame.

Arriba: Estilista de las estrellas: El se fue de Cuba con sus padres en 1962 y creció en Chicago, donde soñaba con llegar a ser un estilista del cabello de fama internacional. Gracias a su esfuerzo y a su dedicación, el carismático Samy llegó a tener su propio salón de belleza y su línea de productos cosméticos, además de una estrella en el Paseo de la Fama de la Calle Ocho.

works by Cuban authors. Cuban-Chinese restaurants serve their fried rice with a tropical twist—fried sweet plantains—and Victor's Café continues to dish out classic Cuban fare like *arroz con pollo* and *ropa vieja*. Food, most exiles find out, can help soothe the most intense feelings of displacement.

"When I feel nostalgic for Cuba," says Adolfo, the legendary Cuban designer who counts Nancy Reagan among his clients, "I go to Cuban-Chinese restaurants and soak up the atmosphere: the conversations, the people, the smells …"

Others, like photographer Alexis Rodríguez-Duarte, create a "Cuban sanctuary" in their city apartments. "I am surrounded," he says, "by pictures, photos, icons, and memories of my country. I even have a statue of San Lázaro! It is a way to stay connected to my roots, even in a place as far away from Cuba as Manhattan."

To make up for the geographical and cultural distance, many young New York Cubans regularly cross the Hudson to enjoy many pockets of *cubanidad* in New Jersey. They go to visit relatives there, but also to enjoy the warm atmosphere found in Cuban restaurants, patriotic rallies, and celebrations. "New Jersey is our Little Havana," declares one Cuban American.

en una botica con un letrero a la entrada que anuncia el envío de "Medicinas a Cuba", o en compañías teatrales como "Teatro Repertorio Español", que pone en escena obras de autores cubanos. Los restaurantes de comida china-cubana sirven el arroz frito con un "toque" tropical de plátanos maduros fritos, y el legendario "Victor's Café" continúa ofreciendo platos de la cocina típica criolla: arroz con pollo y "ropa vieja". Para la mayoría de los exiliados, la comida de su tierra ayuda a atenuar la más intensa nostalgia.

"Cuando extraño a Cuba, voy a restaurantes de chinos cubanos y me empapo de ese ambiente: las conversaciones, la gente, los olores…", dice Adolfo, el legendario diseñador cubano, que cuenta a Nancy Reagan entre sus famosos clientes.

Otros, como el fotógrafo Alexis Rodríguez-Duarte, crean un "santuario cubano" en sus apartamentos, a muchos pisos de altura. "Yo vivo rodeado de pinturas, fotos, íconos y recuerdos de mi país. ¡Hasta tengo una estatua de San Lázaro! Es una forma de mantenerme conectado con mi país, incluso en un lugar que está tan lejos de Cuba, como Manhattan", afirma este artista del lente.

Los tabaqueros de Key West

Cayo Hueso, esa islita ubicada en la costa del sur de la Florida, es el hogar de miles de cubanos de

Mireya Valdés and her daughter enjoy a day on Calle Ocho.
Valdés wears the traditional white turban of the Orisha, practitioners of the Santería religion.

Mireya Valdés y su hija disfrutan de una tarde en la Calle Ocho. Valdés, como practicante de la Santería,
lleva el tradicional turbante que alude a los orishas.

Key West Tabaqueros

Key West, a tiny island off the southern coast of Florida, is home to thousands of first-, second-, and third-generation Cubans. Yet the Cuban community in Key West has assimilated so well into local life that it is almost invisible. There is no Little Havana in this city either. Still, the Cuban culture is present in the architecture, the *guarapo* (sugarcane juice), and the traditional holidays, like Nochebuena, which are celebrated, just as in Cuban Miami, with roast pork, black beans, and—always—*en familia.*

Cuba's ties with Key West go back a long way. At the beginning of Cuba's Ten Years' War for independence from Spain in 1868, thousands of its citizens fled to this leafy paradise ninety miles north of Cuba's coasts. They transformed the small cigar industry there into a prosperous enterprise producing over sixty million cigars annually. The *tabaqueros* lived in tiny wooden-frame homes that still stand today. When Cuban patriot José Martí visited the cigar factories in the 1890s to raise funds for another war of independence against Spain, these men and women became the economic backbone of the revolution. The San Carlos Institute, where Martí founded the Cuban Revolutionary party in 1892, is one of the many testaments to the Cuban presence in Key West.

"We've been here so long that we are not perceived as foreigners," says Gloria Alvarez, a descendant of the early cigar workers. Gloria still lives on the street where she was born and has never

primera, segunda y tercera generación. Sin embargo, la comunidad del exilio está tan asimilada a la trama de la vida local, que es prácticamente invisible. En esta ciudad tampoco hay una "Pequeña Habana". Pero, la cultura cubana está presente en la arquitectura, en el guarapo y en las fiestas nacionales que, como en Miami, se celebran con frijoles negros y lechón y, como siempre, en familia.

Los lazos entre Cuba y Cayo Hueso tienen una larga historia. En 1868, al comenzar en Cuba la Guerra de los Diez Años, miles de cubanos emigraron a este pequeño paraíso ubicado a sólo 90 millas de las costas de Cuba, ayudando a convertir la industria tabaquera local en una próspera empresa capaz de producir 60 millones de tabacos anualmente. Los tabaqueros vivían en casitas de madera, muchas de las cuales aún permanecen en pie. Cuando el patriota cubano José Martí visitó las tabaquerías para recaudar fondos para la guerra de independencia contra España, estos hombres y mujeres se convirtieron en la espina dorsal económica de la revolución. El Instituto de San Carlos, donde Martí fundó el Partido Revolucionario Cubano, en 1892, es uno de los muchos testimonios de la presencia cubana en Cayo Hueso.

"Llevamos tanto tiempo aquí, que nadie nos ve como extranjeros", asegura Gloria Alvarez, descendiente de esos pioneros de la industria tabaquera. "No existe una Pequeña Habana ni un barrio cubano. Nosotros somos Cayo Hueso". Gloria, que aún vive en la calle donde nació, nunca ha viajado a la tierra de sus padres. Sin embargo, sus hijos y sus nietos conservan

been to the land of her ancestors. Yet she, her children, and her grandchildren preserve Cuban customs and celebrations. "It's what I was taught at home," she says. "I'm Cuban American. I grew up with Halloween and Nochebuena, and so did my children."

Cuban Town

In 1886, Tampa boasted the largest cigar factory in the world. Naturally, Cubans—some coming from Key West—flocked to this large city in central Florida. They were among the first to settle in Ybor City, which became known as Cuban Town. Tampa was the cradle of the Cuban revolution in 1895, collecting funds and planning for the war against Spain. Its new residents, together with the Spaniards, Italians, and Germans who soon joined them, began to build a city from the foundations up. As in Key West, the Tampa Cubans, or Tampeños, are inextricably woven into the fabric of this city. Tampa is peppered with Cuban bodegas and coffeehouses. The Círculo Cubano, a club that opened its doors in 1917, still

las costumbres y las tradiciones cubanas. "Es lo que me enseñaron en casa", dice. "Soy cubano-americana. Yo crecí celebrando Halloween y Nochebuena, y es lo que les he inculcado a mis hijos".

Tierra de tampeños

En 1886, Tampa era la sede de la tabaquería más grande del mundo. Hacia ella fueron los cubanos, muchos procedentes de Cayo Hueso, echando raíces en esta ciudad en la parte central del estado de la Florida. Estos tabaqueros figuraron entre los primeros habitantes de Ybor City, que era conocida como "Cuban Town". Tampa fue la cuna de la revolución cubana de 1895, y sus nuevos residentes, junto con los españoles, alemanes e italianos que muy pronto se les unieron, comenzaron a construir una ciudad, literalmente, desde los cimientos.

Como sucede en Cayo Hueso, los cubanos de Tampa, conocidos como tampeños, están profundamente arraigados en la historia de esta ciudad, que está llena de bodegas y cafecitos donde los cubanos de primera, segunda y tercera generación

Eric Rodríguez, a young Cuban American chess champion, shows off his medals.

Eric Rodríguez, un joven cubano campeón de ajedrez, muestra sus medallas con orgullo.

provides a theater, a grand ballroom, a medical clinic, and a library for its members. And the house where José Martí lived during his fund-raising years is a treasured monument.

Although not in great numbers or with equal social, economic, and cultural impact, there are Cuban exiles living all around the world, from Spain and Mexico to Canada and Australia. And yet, Cuban exiles everywhere look to the undisputed mecca of their country's exile community: Miami.

A Country Made of Memories

But what exactly is Cuban Miami? When writing about a people or a community, there is always the danger of inadvertently reducing them to their folklore. The need to present what is unique to a culture or a way of life—those national traits that make a people colorful or "different"—can come dangerously close to creating a caricature. This is particularly true of Cuban Miami, where the exile community is often depicted by the media in broad brushstrokes. Yet behind this façade, Cuban Miami (what some jokingly call "a foreign country surrounded by the United States") is as heterogeneous, complex, and culturally diverse as the homeland that its residents left behind.

"People say 'Miami Cuban' and believe that they

toman café espresso y comen sandwiches cubanos. En el distrito histórico de las factorías, los restaurantes sirven el auténtico arroz con pollo a la chorrera, "ropa vieja" y congrí, y el pan cubano se hornea cada mañana, a la usanza antigua. El "Círculo Cubano", un club que abrió sus puertas en 1917, aún ofrece a sus miembros un teatro, un salón de baile, una clínica y una biblioteca. Y la casa donde José Martí vivió durante los años en que se dedicó a recaudar fondos, es un monumento preciado.

Aunque no cuentan con el mismo impacto social, económico y cultural que tienen en los lugares mencionados, hay grupos de exiliados cubanos viviendo en diversas partes del mundo como son España, México, Venezuela, Canadá y Australia. Se puede argumentar que en cada lugar donde viven cubanos, tanto si están concentrados en un barrio de una nevada ciudad del norte, como si viven en una gran metrópolis, existe una "Pequeña Habana". Aún así, cuando se mencionan las palabras "Exilio cubano", todos los cubanos alrededor del mundo miran hacia la Meca de la comunidad: Miami.

Un "país" hecho de recuerdos

Pero, ¿qué es, exactamente, el Miami cubano? Cuando se escribe sobre un pueblo, una comunidad, siempre existe el peligro de, quizás sin querer,

Journalist Teresa Rodríguez, a respected voice of the Cuban community, hosts the television program Aquí y Ahora *(Here and Now)*

La periodista Teresa Rodríguez, una respetada voz de la comunidad cubana en el exilio, conduce el programa de televisión "Aquí y Ahora".

are talking about everyone in our community. But which Miami Cuban? Do they mean a Marielito, a rafter, an ABC (American-born Cuban), or a member of Generation Ñ? Are they talking about a white Cuban, a black Cuban, or a Chinese Cuban? Do they refer to an old man who never leaves the safety zone of Little Havana or to a young businessman in Coral Gables? We may all love black beans and rice and *café con leche,* but we are also a very diverse community."

This is the sentiment expressed by Vanessa García, a young ABC, when asked to define the indistinct landscape of that world known as Cuban Miami. Nancy Manrique, an advertising executive and a young grandmother of two, agrees. "As my parents used to say, *'Estamos juntos, pero no revueltos'* (We are together, but not mixed in)." She remembers when an Anglo friend from New York was a guest at her house in Coco Plum, an area of lavish homes surrounded by stately palm trees. The friend, no doubt in search of local color, asked her for a tour of "Cuban Miami."

"He was very surprised when I said, 'You are in it!'" Nancy remembers. "I pointed out to him that most of my neighbors are Cuban: bankers, business-men, politicians . . . I guess he was expecting something like the Cuban pavilion at Epcot Center!

reducirlos a su folclor. La necesidad de presentar lo que es único de una cultura o de una forma de vida, esas características nacionales que hacen a un pueblo pintoresco o diferente, puede crear una caricatura. Esto es particularmente cierto del Miami cubano, donde el tapiz social, creado por los exiliados de retazos y recuerdos, muchas veces es presentado por los medios de comunicación anglosajones con una visión folclorizante. Sin embargo, detrás de la fachada que se presenta al turista, el Miami de los cubanos, que muchos llaman, no tan en broma, "un país extranjero rodeado por los Eatados Unidos", es tan heterogéneo, complejo y culturalmente diverso como la tierra que sus residentes dejaron atrás.

"La gente dice 'cubano de Miami' y piensan que están hablando de todos en nuestra comunidad. Pero ¿a qué cubano de Miami se refieren? ¿Están hablando de un marielito, de un balsero, de un cubanoamericano o de un miembro de la Generación Ñ? ¿Se refieren a un blanco, a un negro o a un chino-cubano? ¿A un viejito, que nunca deja su barrio en La Pequeña Habana, o a un joven hombre de negocios de Coral Gables? A todos nos gustan el arroz con frijoles negros y el café con leche, pero somos una comunidad muy diversa".

Esto expresa Vanessa García, una joven "ABC" ("American born Cuban", o cubana nacida en los

A new American! Pedro Rodríguez, adorned with flags, leaves no doubt that he will keep his promise to uphold the laws of the land as he becomes a United States citizen in a ceremony at the Miami Beach Convention Center.

¡Un nuevo americano! Pedro Rodríguez, con banderas de los Estados Unidos, no deja lugar a dudas de que él respetará las leyes de esta nación. Rodríguez hace su juramento para la ciudadanía en la ceremonia celebrada en el Centro de Convenciones de Miami Beach.

Entrepreneurs: The American Dream

The success of the Cuban entrepreneurial spirit is best exemplified by Ramón Puig, known worldwide as *El rey de las guayaberas*, or The king of the *guayaberas*, light, embroidered shirts so popular among Cuban men of all ages. Mr. Puig arrived from Cuba, like most exiles, with "no scissors, no fabric, and no money," and, in a small workshop in Little Havana, began to make his well-cut shirts, sometimes working literally twenty-four hours a day.

Examples of other triumphs of Cuban businesses and enterprises abound: real-estate mogul Armando Codina, restaurant owner Felipe Vals, Cuba Nostalgia creator Leslie Pantin, Jr., advertising giant Tere Zubizarreta and billionaire philanthropist Alberto Vilar. Vilar donates over $100 million a year to the world of the performing arts. He knows the meaning of risk and sacrifice. When he founded his firm, Amerindo Investment Advisors, in 1980, "I starved for five, six, seven years," he told *The Miami Herald*. "But it was the right thing to do."

"Never underestimate the guy selling *churros* on the corner," says Tony López, manager of Jessy Bakery. "Cubans are such hard workers that in two years he could be the president of his own *churro* company!"

Emprendedores: El Sueño Americano

El éxito de Ramón Puig, "El Rey de las Guayaberas", es uno de los mejores ejemplos del espíritu emprendedor de los cubanos. El señor Puig llegó a los Estados Unidos como la inmensa mayoría de sus compatriotas, "sin tijeras, sin tela y sin dinero". En un tallercito en La Pequeña Habana, comenzó a hacer sus guayaberas, de excelente corte y diseño, trabajando, literalmente, 24 horas en su negocio. Otros ejemplos del triunfo del empeño y de la actitud emprendedora de los cubanos: el magnate de la construcción y de los bienes raíces, Armando Codina; el restaurateur Felipe Vals, la gigante de la publicidad, Tere Zubizarreta; el hombre de negocios y creador de "Cuba Nostalgia", Leslie Pantin, Jr., y el billonario filántropo Alberto Vilar. Vilar dona más de $100 millones al año al mundo de las artes. El conoce, como tantos cubanos, el significado del riesgo y del sacrificio. Cuando fundó su firma, Amerindo Investment Advisors, en 1980, "Pasé hambre durante cinco, seis, siete años", declaró a "The Miami Herald". "Pero hice lo que había que hacer".

"Nunca subestimen al tipo que vende churros en una esquina", asegura Tony López, el administrador de "Jessy Bakery". "Los cubanos son tan trabajadores, que en un año ese mismo hombre podría ser el dueño de su propia fábrica de churros".

People think that we all live in Little Havana."

It is true that most of the "local color" may be found in that relatively small area around South West Eighth Street. Yet the Cuban community has greatly extended its boundaries. Today it includes Westchester, Coral Gables, Hialeah, Kendall, South Beach, and even that exclusive enclave of the very rich, Star Island. This city's palette is wide-ranging, and because of this, it is endlessly fascinating.

From Factories to the White House

The first wave of Cuban exiles who arrived in the United States via the Freedom Flights were mostly white, of European descent. In most cases, they were professional or middle-class, and some were affluent. Because they had been successful in their homeland, they believed in the fruits of hard work and in the inevitability of success. These professional men and women were not reluctant to labor in factories or on construction sites. They worked whatever jobs they could, in order to put food on their tables. Doctors and lawyers accepted menial work by day while studying English at night to revalidate their licenses. Their philosophy: "Our jobs may be menial, but we are not."

This is a national trait of Cubans, no matter what their station in life. A street sweeper expects as much courtesy and respect as a doctor. And yet these are not an arrogant people. Sociable and gregarious, Cubans shun strict protocol and embrace friends and new acquaintances with easy familiarity.

Estados Unidos), al describir ese panorama, fluctuante y algo indefinido, conocido como el Miami cubano.

"Como decían mis padres, 'Estamos juntos, pero no revueltos'," afirma Nancy Manrique. Nancy recuerda el día que un amigo de Nueva York, de visita en su hogar en Coco Plum, una zona de lujosas casas rodeadas de palmeras, le pidió que lo llevara a conocer "el Miami de los cubanos".

"El se sorprendió cuando le dije: ¡Estás en él!'", recuerda Nancy. "Le señalé que casi todos mis vecinos son cubanos: banqueros, hombres de negocios, políticos… Creo que él se esperaba algo como el pabellón cubano en 'Epcot Center'. Le gente se cree que todos vivimos en La Pequeña Habana".

Es cierto que la mayor parte del "color local" se encuentra en esa área relativamente pequeña alrededor de la Calle Ocho del Suroeste, donde los primeros cubanos que huían del comunismo echaron raíces en la Florida. Pero aunque La Pequeña Habana continúa siendo el corazón del exilio cubano, y el lugar donde se conservan las costumbres y las tradiciones de la Cuba pre-castrista, a través de los años la comunidad ha extendido sus límites para incluir a Westchester, a Coral Gables, a Hialeah, a Kendall, a South Beach, e incluso ha llegado a ese enclave de los ricos, que es la exclusiva isla de Star Island.

De la factoría a la Casa Blanca

La primera oleada de exiliados cubanos, esos que llegaron a los Estados Unidos a través de los llamados "Vuelos de la Libertad", eran, en su inmensa mayoría,

The children of these "first wavers," who left Cuba with their parents when they were very young, are called Cuban Americans or members of Generation Ñ. Those, like Vanessa, born in the United States shortly after the first wave arrived, are also known as Cuban Americans or ABCs. Growing up bilingual and bicultural, they reaped the benefits of their parents' labors and the opportunities afforded by their adopted country. Many have fulfilled the American dream of owning a home and sending their children to college.

Others have become doctors, lawyers, university presidents, mayors, state representatives, senators, successful businessmen and businesswomen, sports figures, and celebrated entertainers. Indeed, today the underpinnings of the city of Miami, its pillars and its foundation, are overwhelmingly Cuban or Cuban American. Moreover, the Cuban influence has reached Washington, D.C. On May 20, 2001, U.S. Representatives Ileana Ross-Lehtinen, Lincoln Diaz-Balart, and Robert Menéndez, together with Cabinet member Mel Martínez, Miami mayor Joe Carollo, and State Representative Ralph Arza, met with President Bush to commemorate the establishment of the Republic of Cuba in 1902 and

blancos de ascendencia europea. Muchos eran profesionales, de la clase media y, en algunos casos, eran personas con mucho poder económico. Justamente porque se habían desarrollado con éxito en su país, creían en los frutos del trabajo, y, quizás algo aún más importante, creían con firmeza que, inevitablemente, saldrían adelante con su esfuerzo. Estos profesionales no temían trabajar en factorías, en la construcción o en cualquier trabajo que les permitiera poner la mesa con dignidad. Médicos y abogados trabajaban duro durante el día para poder estudiar inglés por la noche, con el fin de revalidar sus títulos. Su filosofía: 'Nuestros trabajos pueden ser insignificantes, pero nosotros no lo somos'. Y este es un principio nacional, que comparten todos los cubanos, no importa cual sea su posición económica o su estatus profesional. Un barredor de calles espera (es más, exige) tanto respeto como un profesional. Y sin embargo, los cubanos no son personas arrogantes ni protocolares. Sociables y gregarios, pasan por alto las jerarquías verticales, abriendo los brazos a nuevas amistades como si éstas fueran sus amigos de siempre.

A los hijos de estos pioneros del exilio, que se fueron de Cuba con sus padres cuando eran muy pequeños, se les llama cubanoamericanos o miembros

Cuban American voices in the nation's capital: New Jersey Democrat Bob Menéndez, right, joins Florida Republicans Lincoln Diaz-Balart and Ileana Ross-Lehtinen, the first Cuban American woman elected to Congress, in front of the flag of Cuba.

Voces cubanoamericanas en la capital de la nación: Bob Menéndez (a la derecha), demócrata por el estado de New Jersey, se une a los republicanos de la Florida Lincoln Diaz-Balart e Ileana Ross-Lehtinen, la primera mujer cubanoamericana elegida al Congreso de los Estados Unidos.

Right: Blanquita Amaro began her successful career as an actress and a showgirl in pre-Castro Havana. She continues it in exile, bringing joy and memories of home to thousands of exiles. Still active in the theater, she is a beloved mainstay of the Cuban entertainment community.

Derecha: Blanquita Amaro comenzó su carrera como actriz y vedette en la Cuba precastrista y la ha continuado en el exilio, entregando alegría y recuerdos de su patria a miles de cubanos. Aún activa en el medio artístico, Blanquita es una de nuestras glorias.

Success Stories: Above: Havana-born Aida Levitan, co-chairman of Publicis Sanchez & Levitan, one of the top five United States Hispanic advertising agencies, is nationally recognized for her work in the area of marketing, advertising, public relations, and civic activities.

Mujeres de éxito: Arriba: Aida Levitán, nacida en La Habana, es la Co-Presidenta de "Publicis Sánchez & Levitán", una de las cinco agencias de publicidad hispanas de más éxito en los Estados Unidos. Levitán ha sido reconocida a nivel nacional por su trabajo en las áreas de mercadeo, publicidad, relaciones públicas y actividades cívicas.

Right: Her straightforward delivery of the nightly news at Telemundo has made anchorwoman Leticia Callava a trusted and respected member of the community.

Derecha: Su profesionalismo y seriedad para reportar las noticias cada noche en Telemundo, han convertido a la locutora Leticia Callava en una respetada personalidad de la comunidad.

to discuss future United States policy toward Cuba. Months before, a visit to Miami from King Juan Carlos and Queen Sofía of Spain elicited this salute from the Spanish monarch:

"On behalf of all Spaniards, I would like to acknowledge the impressive task accomplished by the Cuban community of Miami."

"When I read those words in the paper— whew!—they blew me away," admits Paul Curbelo, a Cuban American lawyer. "I flashed back to my mother, getting up at six in the morning to work in a factory, and to my father, pumping gas in a service station. I felt those words were meant for them. Of course, they don't think that for a moment. My parents feel that they did what had to be done. Period. But to me they are my heroes."

Paul's mother, Andrea, adds, "We never ever thought, Will we use this money to go to the discotheque or to buy beer? It was never in question that the money would be saved to buy a home, to send our children to college, or to help our family in Cuba. Did we waste our youth?" she ponders. "Quite the contrary. We invested it."

Marielitos and Rafters

In 1980, when the Mariel exodus poured over one hundred and thirty thousand Cubans into South Florida, tensions ran high among the "Freedom Flighters" and the new arrivals. Many of the exiles who had come to the United States before the boatlift—and had worked long and hard to establish

de la Generación Ñ. Aquellos que, como Vanessa, nacieron en los Estados Unidos, se conocen también como cubanoamericanos o "ABCs". Al ser bilingües y biculturales, recibieron los frutos del sacrificio de sus padres, además de las oportunidades que les ofrecía su país natal y adoptivo. La mayoría ha alcanzado el sueño americano de ser dueños de casa y enviar a sus hijos a la universidad. Otros han sobrepasado todas las expectativas y han llegado a ser médicos, abogados, presidentes de universidades, senadores, hombres de negocios, figuras del deporte y estrellas del mundo del espectáculo. Pero hay mucho más: actualmente, los cimientos y los pilares de la ciudad de Miami son mayormente cubanos o cubanoamericanos. Como si esto fuera poco, la influencia cubana ha llegado a los corredores del poder en Washington, D. C. El 20 de mayo del 2001, los representantes de los Estados Unidos Ileana Ross-Lehtinen, Lincoln Diaz-Balart y Robert Menéndez, junto con Mel Martínez, miembro del Gabinete Nacional, el alcalde de Miami, Joe Carollo, y el representante estatal Ralph Arza, se unieron al Presiedente George W. Bush para conmemorar la instauración de la República de Cuba, en 1902, y para discutir la política futura de los Estados Unidos en relación con Cuba. Unos meses antes, una visita de los Reyes de España, Juan Carlos y Sofía, a la ciudad de Miami, motivó estas palabras del monarca español:

"De parte de todos los españoles, quiero reconocer los increíbles logros de la comunidad cubana de Miami".

"Cuando leí esas palabras en el periódico, pensé en mis padres", cuenta Paul Curbelo, un abogado

themselves in their new country—were wary of the Marielitos. Some viewed them as a potential social and economic problem for the community.

"Fidel used the Mariel boatlift to empty his jails and mental asylums and send over the criminal and the insane. So, for a while, every Marielito was unfairly viewed with suspicion," admits Pepe Pérez (not his real name), the owner of a Cuban bodega. And at the time he confesses that he was reluctant to employ them.

Eventually, however, the overwhelming majority of the Marielitos proved to be as industrious and hardworking as their pre-Mariel compatriots. Today, being a Marielito is a badge of honor.

An older and wiser Pepe Pérez saw the same trend repeat itself with the wave of *balseros* (rafters) that arrived on Florida's shores during the '90s. "This time, even the Marielitos were wary of the rafters. You must remember that the *balseros* are the true children of the revolution. Some of them had never breathed five minutes of freedom in their whole lifetime."

There were many questions surrounding the new arrivals: After living under a communist regime, would they be able to adapt to the demands of a capitalistic society? Had they lost the impetus and the discipline to work an eight-hour day?

The answer was soon evident. Many *balseros* have taken over the hard, often backbreaking, blue-collar jobs that those who came before them left behind, and are fast moving up the ladder of

cubanoamericano. "Recordé a mi madre, que se levantaba a las seis de la mañana para ir a coser a una factoría, y a mi padre, que trabajaba en una gasolinera. ¡En esa época no tenían ni 30 años de edad! Pensé que esas palabras eran para ellos. Por supuesto, ellos no lo ven así. Mis padres sienten que hicieron lo que había que hacer. Y punto. Por eso ellos son mis héroes".

"Nunca, jamás pensamos: '¿Usaré este dinero para ir a la discoteca o para comprar cerveza?' Siempre se supo que el dinero se ahorraría para comprar una casa, para mandar a los muchachos a la universidad, o para ayudar a la familia en Cuba. ¿Que si sentimos que perdimos nuestra juventud?", se cuestiona Andrea, la madre de Paul, una costurera retirada. "Todo lo contrario. La invertimos", responde con seguridad.

Marielitos y balseros

En 1980 más de ciento treinta mil cubanos arribaron a Miami a través del éxodo del Mariel. En aquel entonces, la tensión entre los cubanoamericanos y los recién llegados escaló a niveles peligrosos. Y es que los cubanos que llegaron a los Estados Unidos décadas antes, y que habían luchado tan duramente para establecerse en su país adoptivo, veían a los marielitos con cierto recelo. Muchos incluso los consideraban un peligro potencial, incluso inminente, para la comunidad.

"Fidel usó el éxodo del Mariel para vaciar las cárceles y los asilos de enfermos mentales, y enviar a los Estados Unidos a los criminales y a los locos", admite Pepe Pérez (no es su verdadero nombre), dueño de una bodega. Pepe confiesa que en aquella época, él tenía

The Cuban entrepreneurial spirit is exemplified by Ernesto Rodríguez, owner of Ernesto Good Earth Nursery, in Miami. Like many of his compatriots, Ernesto left his country with his pockets empty and his heart full of

dreams. Now, through hard work and dedication, he has established himself as a successful member of the Cuban business community.

Ernesto Rodríguez, dueño de "Ernesto Good Earth Nursery", en Miami, es otro ejemplo del espíritu emprendedor de los cubanos. Como muchos de sus compatriotas, Ernesto dejó su país con las manos vacías y el corazón lleno de sueños. Ahora, gracias a su esfuerzo y dedicación, Ernesto es un exitoso y respetado miembro de la comunidad.

A young and charismatic spiritual leader, Father Alberto Cutie, here at Radio Paz Catholic Communications radio station, is Parochial Vicar of St. Patrick Parish in Miami Beach. Father Cutie is a particular favorite with young Cuban Americans, who flock to his services.

El Padre Alberto Cutie, en esta foto en la emisora Radio Paz Catholics Communications, es cura párroco de la Parroquia de St. Patrick, en Miami Beach. El Padre Alberto es muy popular entre los jóvenes cubanoamericanos, que asisten en gran número a sus servicios religiosos.

Manolo Capó, owner of the successful El Dorado Furniture stores, in front of his showroom. Even when Cuban businessmen succeed in the United States, they usually hold on to their Cuban values and traditions. In true Cuban style, Capo's extended family works side by side with him in his business.

Manolo Capó, el dueño de las exitosas mueblerías "El Dorado", al frente de su showroom. Aún cuando los hombres de negocios cubanos triunfan en los Estados Unidos, muchos preservan los mejores valores y tradiciones cubanas. Como Capó, muchos trabajan mano a mano con miembros de su familia.

Actor Andy Garcia left Cuba when he was a young child, yet he has been instrumental in promoting Cuban music greats, such as Israel López Cachao. One of Hollywood's brightest stars now, Garcia started out in Spanish-language television. Among other roles, he played Carmencita Peña's boyfriend in an episode of Que Pasa, U.S.A., *the popular television program about a Cuban family adapting to life in exile.*

El actor Andy García dejó Cuba cuando era un niño, sin embargo, ha sido un consumado promotor de los grandes de la música cubana como Israel López, "Cachao". Hoy, cuando Andy es una gran estrella de Hollywood, todos los cubanos recuerdan que comenzó su carrera en Miami, e incluso que tuvo un papelito como el novio de "Carmencita Peña", en la popular serie de televisión "Qué Pasa, U.S.A.?".

Chef Pepín samples one of his delicious Cuban recipes in the large and well-equipped kitchen of his Miami home. Pepín, who combines tradition with innovation, brings a distinctively Cuban flavor to Spanish-language television.

El "Chef Pepín" prueba una de sus deliciosas creaciones en la grande y bien equipada cocina de su casa, en Miami. "Pepín", que combina la tradición con la innovación, sazona la televisión hispana de los Estados Unidos con un sabor muy cubano.

success. Says Pérez, "I've known families where each member, even the teenagers, worked one or more jobs. They saved like mad, and in three or four years they owned their home. That I respect."

Degrees of Separation

Sometimes the chasm that decades of separation have created between the older exile groups and those who recently arrived can be as wide as the miles of ocean that stretch between Cuba and South Florida. "At first, I felt as if we spoke a different language," says José Manuel, a young rafter from Puerto Cortez, a tiny fishing hamlet in Pinar del Río province. "When I met my cousins from *la Yuma* (the U.S.), I didn't understand their Spanglish, and they didn't get my Cuban expressions. Everything was a challenge. The first time I saw a pop-up can, I didn't know how to open it! Remember, I come from a place where I had to make my own table salt from seawater . . . How can you explain that to a kid who grew up with everything?"

A New Beginning

Balseros, ABCs, Marielitos, Generation Ñ . . . the intermingling of all these people, who appear to be so different and yet in some ways are so very much alike; the cultural and ideological fusions, confusions, and evolutions; the music, the flavors, and yes, even the clashes, and the pain, make Cuban American communities such fascinating tapestries. And as much as Cubans love their island in the

miedo de darles trabajo. Sin embargo, con el tiempo la gran mayoría de los recién llegados probaron ser tan trabajadores e industriosos como sus compatriotas de antes del Mariel.

Pepe Pérez vio el fenómeno repetirse en los 90, con la ola de miles de balseros que llegó a las costas de la Florida.

"Esta vez, hasta los marielitos veían a los balseros con un poco de desconfianza. Hay que entender que los balseros son, en su mayoría, un producto de la revolución. Antes de llegar a los Estados Unidos, estas personas no habían respirado cinco minutos en libertad". Por lo mismo, muchas interrogantes giraban en torno a ellos. Después de vivir todas sus vidas bajo un régimen comunista, ¿serían capaces de adaptarse a las exigencias de una sociedad capitalista? ¿Acaso habían perdido el ímpetu y la disciplina necesarios para trabajar ocho horas diarias?

La respuesta muy pronto se hizo evidente. En su mayoría, los balseros han tomado los trabajos duros, los "rompeespaldas", que sus predecesores dejaron, y poco a poco, comienzan a subir por la escala del éxito. "Aparte de unas pocas manzanas podridas, son personas honestas y trabajadoras", asegura Pérez. "Yo he conocido familias en las que todos los miembros, incluso los adolescentes, tienen uno o dos trabajos. Ellos ahorran como locos, y en tres o cuatro años ya tienen su propia casa. Eso, yo lo respeto".

Grados de separación

A veces, el abismo que las décadas de separación han

Caribbean, they love and feel a deep gratitude for the bountiful land that allowed them to replant their roots in freedom.

"If we have contributed to this country in any way," says Carlos Hernández, who came with the Mariel boatlift, "if we have given anything back, it is a way to thank America for its great generosity in welcoming us and for allowing us to live and prosper in freedom without losing our Cuban roots."

creado entre los cubanoamericanos y sus compatriotas balseros puede ser tan extenso como las millas de océano que separan a la Florida de Cuba.

"Al principio, me parecía que hablábamos idiomas diferentes", dice José Manuel, un joven balsero de Puerto Cortez, un pueblito de pescadores en la provincia de Pinar del Río. "Cuando conocí a mis primos de 'La Yuma' (los Estados unidos), no entendía su 'spanglish' y ellos no entendían mis expresiones cubanas. Era un reto. La primera vez que vi una lata de esas que se abren halando el aro, no sabía cómo abrirla. Recuerden, yo vengo de un lugar donde tenía que hacer mi propia sal de mesa con el agua de mar. ¿Cómo le explicas eso a un muchacho que creció con todo?"

Un nuevo empezar

Balseros, "ABCs", marielitos, miembros de la Generación Ñ, los fieles que preservan viva la llama… todos son una mezcla de personas que, aparentemente, son muy diferentes, pero que comparten una misma raíz.

Y aunque los cubanos adoran su isla en el Caribe, también aman y sienten un profundo agradecimiento por la generosa tierra que les permitió replantar sus raíces en libertad.

"Si en algo hemos contribuido al crecimiento de este país, es nuestra forma de darle las gracias por su gran generosidad al permitirnos vivir y prosperar en libertad, sin perder nuestras raíces cubanas", afirma Carlos Hernández, que llegó a los Estados Unidos por el Mariel.

Television talk show hostess and media mogul Cristina Saralegui is, with husband Marcos Avila, the owner of Blue Dolphin Studios, a $10 million facility from which she launches Spanish-language television programs and publications. *Cristina* magazine is a successful spin-off of her television show.

La presentadora de televisión y gigante de los medios de comunicación Cristina Saralegui es dueña, con su esposo Marcos Avila, de "Blue Dolphin Studios", un local valorado en diez millones de dólares, desde donde crea programas y publicaciones para el público hispano. "Cristina, La Revista", es el complemento de su programa de televisión, que cuenta con más de 100 millones de televidentes en todo el mundo.

Doctor Rafael Miguel, (left) appointed to the Florida Board of Medicine by Governor Jeb Bush, is Professor and Chief of Anesthesiology and Pain Management at H. Lee Moffitt Cancer Center at the University of South Florida, in Tampa. Here, he discusses the results of a patient's scans with his colleague, Dr. Antonio Díaz.

El Dr. Rafael Miguel, (izquierda) nombrado por Jeb Bush, el Gobernador del estado de la Florida, miembro de la "Florida Board of Medicine", es Profesor y Jefe de Anestesiología y Control del Dolor en el hospital H. Lee Moffitt Cáncer Center, de la Universidad del Sur de la Florida, en Tampa. Aquí, él consulta los resultados de una radiografía con su colega, el Dr. Antonio Díaz.

Traditions, Celebrations, and Pastimes

Tradiciones, celebraciones y pasatiempos

THE SOFT STRAINS of a 1950s bolero fill the living room of Elvira Dago's Little Havana home with a sweet sense of longing.

As legendary Cuban crooner Olga Guillot sings of lost loves, Elvira speaks of the country she left in 1962, when she was barely one year old. After moving to the United States with her parents, Elvira never returned to Cuba. "And yet I feel as if I were living in Havana. Every year I go to the Calle Ocho Festival and to the José Martí Parade in January. I visit La Ermita de La Caridad del Cobre on the day Cuban Catholics celebrate our patron saint, and I bicycle with my husband to Key Biscayne because ..." and at this point she shrugs her shoulders, acknowledging the inexplicability of it all. "I don't know, but when I smell the ocean, I feel as if I were

'I'd sit down with my son and tell him all about our history and customs. In time, he was the one to come and say: 'Mami, tell me stories of Cuba...'"
–Angela Haydée Aguilera-Toranzo

EN LA PEQUEÑA HABANA, las dulces notas de un bolero invaden la sala de la casa de Elvira Dago con una triste sensación de anhelo. Mientras la legendaria cantante cubana Olga Guillot le canta a los amores perdidos, Elvira habla del país que dejó en 1962, cuando tenía apenas un año de edad. Después de llegar a los Estados Unidos con sus padres, Elvira nunca ha regresado a Cuba. "Y sin embargo me parece que vivo en La Habana. Todos los años voy al Festival de la Calle Ocho y al desfile para festejar el nacimiento de José Martí, en enero. Visito la Ermita de la Caridad del Cobre el día en que los católicos celebramos a nuestra Santa Patrona, y voy en bicicleta con mi esposo a Key Biscayne porque..." (y en este punto se alza de hombros, como entendiendo la inexplicabilidad de todo) "no sé, porque cuando

"Yo me sentaba con mi hijo a hablarle de nuestra historia y de nuestras costumbres. Con el tiempo, era él quien venía a decirme: 'Mami, hazme cuentos de Cuba...' "
–Angela Haydée Aguilera-Toranzo

A festively attired young boy at the annual Cuban Municipalities in Exile fair..

Un niño cubano en la fiesta anual de Los Municipios de Cuba en el exilio.

strolling alongside *el Malecón,"* the long stretch of seawall along the Havana coastline.

Like most second- and third-generation Cuban Americans, Elvira attributes this enduring love for all things Cuban to the strong sense of *patriotismo* her family instilled in her at home. At the same time that she attended the Anglo school, Elvira went to the San Juan Bosco Church after-school program, where she socialized with other Cuban children, learned her country's history and traditions, and sang its national anthem. "It gave me a sense of pride in my heritage." Today, her children go to San Juan Bosco and, day by day, learn to love their parents' homeland. "My mission in life is to keep our customs alive," Elvira says with passion, "because I believe that the day they die, we die."

Keepers of the Flame

Elvira is not alone in this sentiment. Unintentionally or by design, every Cuban exile is a self-appointed

huelo el mar, me parece que estoy paseando por el Malecón", el blanco muro que se extiende a lo largo de la costa habanera.

Como la mayoría de los cubanos de segunda y tercera generación, Elvira le atribuye este amor por todo lo cubano al profundo sentido de patriotismo, que su familia le inculcó en su hogar. A la misma vez que asistía a la escuela anglosajona, participaba del programa extraescolar de la Iglesia San Juan Bosco, donde compartía con otros niños cubanos, aprendía Historia y Geografía de Cuba y cantaba el himno nacional de su país. "Esto me dió las raíces y el orgullo de mi herencia". Hoy, sus hijos asisten a San Juan Bosco, donde, día a día, aprenden a amar la patria de sus padres. "Mi misión en la vida es mantener vivas nuestras tradiciones porque creo que el día que ellas mueran, nosotros también moriremos", declara Elvira con pasión.

Manteniendo viva la llama

Elvira no es la única que siente de esta manera. De

Elvira Dago wants her five children to grow up in Little Havana. "I want them to have roots and a sense of continuity," she says. Outside her home, Cuban and American flags wave side by side.
Right: The hands of Argelia García hold a rosary at the chapel of St. Brendan's Church.

Elvira Dago quiere que sus cinco hijos crezcan en La Pequeña Habana. "Deseo que tengan raíces y un sentimiento de continuidad", dice. Afuera de su casa, la bandera cubana y la estadounidense se mecen, juntas, en la brisa. Derecha: Las manos de Argelia García sostienen un rosario en la capilla de la Iglesia de San Brendan.

*Left: Wearing a typical lace mantilla,
a woman prays at the Chapel of St.
Brendan's Catholic Church.
Above: Father Emilio Vallina stands before
the altar of San Juan Bosco Church, known
as the Cathedral of Little Havana.*

*Izquierda: Con un típico velo de encaje,
una mujer reza frente al altar de la Iglesia
Católica de San Brendan. Arriba: El Padre
Emilio Vallina frente al altar de la
Iglesia de San Juan Bosco, conocida como
La Catedral de La Pequeña Habana.*

Before taking his First Communion at Mother of Our Redeemer Catholic Church, in Miami Lakes, Eric Tei smiles for his family, sitting in a nearby pew.

Antes de hacer su Primera Comunión en la iglesia Católica Madre de Nuestro Redentor, en Miami Lakes, Eric Tei le sonríe a su familia, que lo observa desde un banco cercano.

Left: The annual procession of the Virgen de la Caridad (Virgin of Charity), Cuba's patron saint, departs every September 8 from La Ermita de La Caridad (The Chapel of Our Lady of Charity). La Virgen de la Caridad guards and protects fishermen, so on that day Mass is held on a boat. La Ermita (seen in the background, to the right) stands on Biscayne Bay and faces south, toward Cuba.

Izquierda: El 8 de septiembre de cada año, la procesión de La Virgen de la Caridad del Cobre, la santa patrona de Cuba, se origina en La Ermita de La Caridad del Cobre. La Virgen de la Caridad guarda y protege a los pescadores. Por lo tanto, ese día la misa se celebra en una embarcación. La Ermita, ubicada en la Bahía de Biscayne, mira hacia el sur, en dirección a Cuba.

Above: Since 1959, over twelve thousand Cuban Jews have fled the island. In Miami, they founded the Cuban-Jewish Congregation (Temple Beth Shmuel) and The Sephardic Congregation of Florida.

Arriba: A partir de 1959, más de doce mil judíos cubanos dejaron la isla. En Miami, estos exiliados fundaron "The Cuban-Jewish Congregation" (Tempolo Beth Shmuel) y "The Sephardic Congregation of Florida".

keeper of the flame, preserving traditions and a way of life that, for the most part, have been lost or abandoned in Cuba today. Indeed, some of the traditional Cuban holidays celebrated in Miami have little or no meaning for the younger generation in Cuba. The so-called children of the revolution may know about them, but they don't have an emotional attachment to these festivities, which have never been celebrated in their lifetimes.

This makes most exiles even more adamant about preserving the way of life Fidel Castro abolished when he took over the island. Back then, in an effort to dismantle the family structure, schoolchildren were sent away to camps and taught to renounce their family's capitalistic values, undermining the parents' role in their children's upbringing. In time, the government not only forbade all religious expression but also discouraged traditional secular celebrations such as La Fiesta de los Quinces, the day when a girl celebrates her fifteenth birthday and symbolically becomes a woman. Denounced as a bourgeois affectation, *quinces* became another casualty of *la revolución*.

Not, however, in Cuban Miami.

alguna forma, casi todo cubano que vive fuera de la isla mantiene vivas las tradiciones que, en su mayoría, se han perdido o han sido abandonadas en la Cuba comunista. Y es que para una gran parte de los jóvenes que viven en Cuba, estas fechas significativas mencionadas no tienen un verdadero sentido emocional. Después de todo, crecieron bajo condiciones más duras y rigurosas que las de sus mayores: el racionamiento de alimentos, el adoctrinamiento político y la persecución religiosa, y escuchando y repitiendo por obligación, además, lemas y consignas que celebran las "virtudes" de doctrinas como "Estudio, trabajo, fusil" y "Socialismo o muerte".

Todo esto hace que la mayoría de los exiliados, especialmente aquellos que recuerdan una Cuba democrática y pre-revolucionaria, estén aún más resueltos a preservar la forma de vida que Fidel Castro destruyó cuando tomó el poder en la isla. En aquel entonces, en un esfuerzo por desmantelar la estructura familiar, los escolares eran enviados a campamentos donde les enseñaban a renunciar a los valores "capitalistas" de sus padres, minando, de esta manera, el papel paterno en la crianza de los chicos.

Sea of love: Red-white-and-blue Cuban flags are a common sight at patriotic rallies in Miami, Tampa, and Key West, Florida; Union City and West New York, New Jersey; New York City; and in many other Cuban communities around the country.

Un mar de amor: El rojo, el blanco y el azul de las banderas cubanas se pueden apreciar en los eventos patrióticos que se celebran en Miami, en Tampa y en Cayo Hueso, en la Florida; en Union City y West New York, en New Jersey; en New York City y en muchas otras comunidades cubanas en los Estados Unidos.

"One, two, cha-cha-cha, one, two, cha-cha-cha!"

Quince choreographer Angel Díaz claps in time with his commands. In the middle of the ballroom, fifteen couples—one for each year celebrated by the young honoree—giggle and fumble as they try to learn the steps of Cuban casino dances from the 1930s and 1940s. "Boys, don't be afraid to shake those shoulders! Keep your hands by your waist!" Angel exhorts.

In a few days, the process that started several months ago, when the *quinceañera* and her mother began selecting the theme for the party, picking the design for the dresses, and hiring a choreographer, will culminate in a spectacular, once-in-a-lifetime extravaganza that, according to Angel, "the girl and her family will remember all their lives."

A typical *quince* is held in a ballroom and starts with a brief introduction of the young lady by the master of ceremonies, followed by a narrated video or photomontage of her life and achievements. Eventually the stage is illuminated, the curtains part, and the celebrant appears in a beautiful setting—a field of flowers festooned with papier-mâché butterflies, a lush Mediterranean garden with trickling fountains, or a street in Old Havana,

Con el tiempo, el gobierno de Castro no sólo prohibió toda expresión religiosa, sino que también desalentó la celebración de fiestas tradicionales como "La fiesta de los quince", el día en el que una joven celebra sus quince años y simbólicamente pasa de niña a mujer. Denunciados como una afectación burguesa, "los quince" se convirtieron en otra víctima de la revolución. Mas no entre los cubanos de Miami.

"¡Un, dos, cha-cha-cha; un, dos, cha-cha-cha!".

Angel Díaz, coreógrafo de fiestas de quince, enfatiza cada palabra con una fuerte palmada. En medio del salón de baile, quince parejas (una por cada año que celebra la festejada) ríen, intentan un pasillo, tropiezan y vuelven a intentar aprender los pasos de un baile de casino, que se hizo popular en Cuba en los años 30 y 40. "Muchachos, no tengan miedo de mover los hombros. ¡Mantengan las manos a la altura de la cintura!", los exhorta Angel.

En unos días, el proceso que se inició meses atrás, cuando la quinceañera y su madre comenzaron a seleccionar el tema de la fiesta, a elegir el diseño de los vestidos y a contratar a un coreógrafo, culminará en una espectacular fiesta llena de música y colorido, que, según Angel, "la joven y su familia recordarán toda la vida".

Young Cuban girls model party dresses at a Quince Convention, where young quinceañeras *go to gather inspiration for their parties.*

Estas jóvenes cubanas modelan vestidos de quinceañeras en la Convención de Fiestas de Quince, a donde van en busca de inspiración para su fiesta.

At a quince, *the girls arrive in grand style. Far left below: Before the party the* quinceañera, *Jennifer Dabalsa, receives a corsage from her dance partner. Then the boys take a moment to make sure they look just right. Above: Jennifer blows out fifteen candles, one for each year of her life.*

Las chicas llegan a la fiesta en un auto de lujo. La quinceañera, Jennifer Dabalsa, apaga quince velas, una por cada año de su vida. Antes de que comience el baile, los muchachos se toman unos minutos para asegurarse de que se ven impecables. El compañero de baile de Jennifer le coloca el corsage de flores.

complete with overhanging balconies and *maniseros* (peanut vendors).

The *quinceañera* then parades slowly around the stage in a long dress, sometimes of her own design, while family and friends look on in admiration. After she dances with her father, perhaps to the music of "Mi niña bonita" (My pretty girl), a sentimental *quince* standard sung by Tomás de San Julián, fourteen couples join her and a new dance partner, usually a beau, for a waltz, a mambo, or a cha-cha. After the dance, a toast is made and fifteen honored friends and family members present her with a candle, one for each year of her life.

For a while during the '80s, when girls were torn between the Anglo and Cuban cultures, *quinces* were considered old-fashioned, even tacky. But the resurgence of interest in their Cuban heritage has changed all that.

Inspired at least in part by the Cuban music boom that began during the '80s and continues to grow day by day, *quinces* are now more popular than ever. "Young people's renewed interest in Latin music

La celebración comienza cuando el maestro de ceremonias presenta a la joven a los invitados; esta breve reseña es seguida por un video o montaje fotográfico de su vida y sus logros personales y académicos, hasta el momento. Eventualmente, se ilumina el escenario, se abre el telón, y la joven aparece en medio de una bella escenografía: un campo de flores con grandes mariposas de "papier maché"; un frondoso jardín mediterráneo con fuentes de agua; o una calle de adoquines de La Habana Vieja, con balcones coloniales y alegres maniseros.

La quinceañera se pasea lentamente por el escenario, con un vestido largo, a veces de su propio diseño, mientras la familia y los invitados la miran con admiración. Después de bailar una pieza con su padre, generalmente la canción "Es mi niña bonita", interpretada por Tomás de San Julián, catorce parejas se unen a ella y a su nuevo compañero, para bailar un vals, un mambo o un cha-cha-cha. Después del baile se hace un brindis, y quince familiares y amigos le entregan una vela por cada año que ha vivido.

Hubo una época, durante la década de los 80, en

Left: A very emotional moment: Jennifer dances a waltz with her father, Richard Dabalsa, to symbolize her coming of age and her introduction to society as a woman. Above: A young gentleman charms the flower girls.

Izquierda: Un instante cargado de emociones: Jennifer baila un vals con su padre, Richard Dabalsa. El momento simboliza su paso de niña a mujer y marca su entrada a la sociedad. Arriba: Un caballerito encanta a las niñas que llevan las cestas de flores.

sent them on a quest to find their roots, their traditions, and *quinces* became popular once more," says Esthercita Pentón-Nodarse, a professional party planner. They've become an event of such magnitude that families usually start saving for the party from the day a daughter is born—not unreasonable when one considers that a traditional *quince* party can cost anywhere from ten thousand to fifty thousand dollars!

But glamour and spending aside, mothers confess they love this celebration because it gives them a unique opportunity to bond with their teenage daughters. "During the year that it took to plan my daughter Rebeca's party, we became very close," says Vanessa Ruíz. "We were forever talking about the guests, the flowers, or the food, and went to many fittings and rehearsals. The party was beautiful, but the most important thing was the time that we spent together."

Family Closeness

For the vast majority of Cubans, togetherness is synonymous with family, which tends to be close, warm and supportive, loud when expressing any strong emotion, especially affection, and as parents proudly admit, unabashedly overprotective. Adult children, especially daughters, generally live at

que las muchachas cubanas se desprendieron un poco de esta tradición, pues la cultura anglosajona "tiraba" de ellas con fuerza, y los quince se convirtieron en una especie de reliquia del pasado; algo, ¡y no le digan esto a la abuela!, fuera de moda. Pero el creciente "boom" de la música cubana fue uno de los factores que ayudó a revivir el interés de los jóvenes por su herencia, y los quince son, ahora, más populares que nunca. Es más, se han convertido en un evento de tal magnitud que muchas familias comienzan a ahorrar para la fiesta apenas les nace una niña, lo que no es incomprensible cuando se toma en cuenta que una fiesta de quince típica puede costar entre 10 y 50 mil dólares.

Pero más allá del glamour y de los gastos exorbitantes, muchas madres confiesan que aman esta celebración porque les da la oportunidad de acercarse a sus hijas adolescentes. "Durante el año que nos tomó planificar la fiesta, mi hija y yo nos hicimos muy buenas amigas", dice Vanessa Ruíz. "Nos pasábamos el tiempo hablando de los invitados, de las flores y de la comida, y fuimos juntas a muchos ensayos de la coreografía y a pruebas de los trajes. La fiesta quedó bellísima, pero, lo más importante para mí, fue el tiempo que pasamos juntas".

El calor de la familia

Y para la mayoría de los cubanos, "estar juntos" es

After the dance, a guest snaps a precious moment.

Después del baile, una invitada toma la foto de un momento inolvidable.

Elvira Dago sends her children and a classmate (right) off to
SS. Peter and Paul Catholic School, the same institution she attended as a child.

Elvira Dago despide a sus hijos, y a una amiguita de los niños (derecha),
que van a la escuela Saints Peter and Paul, la misma institución a la que ella asistió de niña.

home until they marry. Some members of the younger generation may see nothing wrong with a couple living together outside of marriage, but as eighteen-year-old Sonia Ramos says, "I wouldn't do that to my parents. They dream of a white wedding for me."

Those who move away from home often find that "you can take a Cuban out of the *familia,* but you can't take the *familia* out of a Cuban." University students who study out of state are constantly inundated with phone calls and care packages containing everything from home-baked goodies to pictures and videos of family events and get-togethers.

The *abuelos* are the spiritual center of the family. The idea of placing old or infirm parents in a nursing home is alien to the Cuban mentality, so grandparents usually live with their progeny and gladly watch over their grandchildren while parents are at work. This means that in busy two-career families, where the mother works outside the home, Grandpa teaches the child to ride a bicycle and Grandma cooks and sings the children to sleep with old Cuban lullabies: *"Arroró mi niño, arroró mi amor, duérmete pedazo de mi corazón"* (*Arroró* my baby, *arroró* my love, go to sleep, piece of my heart). By passing along their customs and traditions, often they, more than the parents, create a sense of "home" and shape the spiritual character of the young.

"Until I left home to get married when I was

sinónimo de estar en familia; esta tiende a ser apegada, cálida y solidaria; ruidosa a la hora de expresar cualquier emoción (especialmente el amor) y, como los propios padres admiten, esta es una familia abiertamente sobreprotectora. Los hijos adultos, mayormente las mujeres, suelen vivir en el hogar paterno hasta que se casan. Para muchos miembros de la nueva generación, convivir con una pareja fuera del matrimonio es algo totalmente normal, pero aún así, ellos prefieren casarse. Como dice Sonia Ramos, de 18 años, "Yo jamás le haría eso a mis padres. Ellos sueñan con verme casada de blanco".

Los que deciden vivir fuera de casa, muchas veces descubren que quizás están lejos de la familia físicamente, pero nunca emocional o espiritualmente. Los que estudian en universidades de otros estados, por ejemplo, son constantemente inundados con llamadas telefónicas y paquetes, que contienen desde comidas hechas en casa, hasta fotos y videos de eventos y reuniones familiares.

Los queridos abuelos son el centro espiritual de la familia. La idea de dejar a un padre viejo o enfermo en un asilo para ancianos, va totalmente en contra de las costumbres cubanas, por lo que los abuelos usualmente viven con sus hijos adultos, y cuidan a los nietos mientras los padres trabajan. Esto quiere decir que en una casa donde los dos esposos trabajan, es el abuelo quien enseña al niño a montar bicicleta, y es la abuela quien cocina y arrulla a los niños para dormirlos con viejas canciones de cuna: "Arroró mi niño, arroró mi amor, duérmete pedazo de mi corazón".

twenty-three years old, my grandmother would give me her blessing every night before I went to sleep. I remember her saying *"que sueñes con los angelitos,"* (may you dream of little angels), just like when I was five years old," says Adriana Franco. Since her *nana* died in 1998, Adriana is flooded by a warm wave of memories every time she sees a Cuban *abuela,* her face powdered with *polvos* Maja and smelling of Violetas Imperiales cologne. "Now I tell my children, *'que sueñes con los angelitos.'* I don't care if it sounds old-fashioned, because I know that one day they'll appreciate it. And it's a way to keep *abuela* in my life."

This need for togetherness is extended until the final good-bye. In the Cuban tradition, the deceased's loved ones remain by the coffin all night and until the interment the next day. The Anglo custom of closing the funeral home at midnight clashed with this tradition, so out of respect for their compatriots, Cuban funeral homes remain open all night.

Al transmitirles a sus nietos sus costumbres y sus tradiciones, son ellos, más que los padres, quienes le dan el calor al hogar y moldean el mundo espiritual de los jóvenes.

"Hasta que dejé mi casa para casarme cuando tenía 23 años, mi abuela me daba la bendición todas las noches antes de dormir. Recuerdo que me decía: 'Que sueñes con los angelitos', igual que cuando yo tenía cinco años", dice Adriana Franco.

Después de la muerte de su abuela, en 1998, Adriana siente una profunda emoción cada vez que ve a una típica abuela cubana, una de esas viejitas que usan polvos "Maja", cuidando mucho de no dejarse "birriones" (exceso de polvo) y se "untan" colonia "Violetas Imperiales".

"Ahora yo les digo a mis hijos 'Que sueñen con los angelitos', y no me importa si les parece algo pasado de moda. Sé que un día aprenderán a valorarlo. Y es una forma de mantener a mi abuela en mi vida".

Esta necesidad de estar unidos se extiende hasta el

Three generations wear the traditional guayabera: *Grandfather Enrique Vilar, his son Henry, and his grandson, Anthony.*
This light, embroidered garment is usually made of linen or cotton and was designed about three centuries ago by an uncomfortable Spaniard who discovered that wool definitely should not be worn in tropical climes.
Inset: Cuban abuelas *wouldn't leave the house without their favorite scent, a dash of Violetas Imperiales cologne.*

Tres generaciones de varones cubanos visten la tradicional guayabera: El abuelo, Enrique Vilar; su hijo, Henry, y su nieto, Anthony.
Esta camisa fresca, por lo general hecha de lino o de algodón, fue diseñada hace más de tres siglos por un español que, incómodo y acalorado, descubrió que, en definitiva, la lana no es la tela más apropiada para vestir en un clima tropical.
Las abuelas cubanas jamás salían de la casa sin unas "goticas" de su aroma favorito, la colonia "Violetas Imperiales".

Cowboys and Festivals

Transplanting an old culture to a new locale can make for odd accommodations. Some Cuban exiles, used to a more rural lifestyle, re-create the life of the *guajiro,* the peasant or farmworker of Cuba, whenever they can—albeit with a few concessions to modern times. One area of Miami, roughly from Bird Road to Kendall Drive between 118th and 127th Avenues, has become known as Horse Country, even though it's a neighborhood of modern one- and two-family homes with garages, each surrounded by an acre or so of land. That relatively open space can help soothe city-bred feelings of constraint. In Horse Country, on a fair day, it's not unusual to find a Cuban "cowboy" astride his horse, loping along. Wearing a *sombrero de guano* (a hat made from woven strands of palm tree leaves), and keeping a sharp lookout for cars, the urban cowboys are armed not with a machete . . . but with a mobile phone.

Less than a mile away from a Publix supermarket, a Wendy's restaurant, and a Wal-Mart store, some

momento del adiós final. En la tradición del velorio cubano, los familiares del difunto permanecen junto al ataúd toda la noche y hasta el momento del entierro, que generalmente toma lugar a la mañana siguiente. La costumbre anglosajona de cerrar la funeraria a la medianoche choca con esta tradición, y por respeto a sus compatriotas, las funerarias cubanas permanecen abiertas toda la noche. En estos momentos, el calor de la familia es un bálsamo para el dolor.

Guajiros urbanos

A veces, transplantar una cultura de un lugar a otro crea situaciones inusuales. Algunos exiliados, acostumbrados a la vida rural de la campiña cubana, recrean la vida del guajiro donde puedan... aunque para ello se vean obligados a hacer algunas concesiones a los tiempos modernos. Una zona de Miami, ubicada entre Bird Road y Kendall Drive, aproximadamente desde las avenidas 118 hasta la 127, es conocida como Horse Country. Aunque se trata de un vecindario de casas con uno y dos garajes, cada una rodeada por un acre de

José Muñiz enjoys the guajiro *lifestyle in a rural area of Okeechobee Road, on the outskirts of Hialeah.*
But roughing it doesn't mean doing without modern-day conveniences, such as a mobile phone.

José Muñiz disfruta de la vida "a la guajira" en una zona rural de la calle Okeechobee, en las afueras de Hialeah.
Pero esto no quiere decir que este "guajiro" prescinda de las comodidades de la vida moderna, como lo es el teléfono celular.

rural types have constructed backyard *bohíos,* open palm-thatched structures typical of the Cuban countryside, where they gather to eat and play dominoes. Often there's a stall for horses and a shack where they keep their saddles and riding gear. These weekend *guajiros* enjoy riding, hunting, and roasting whole pigs *al fresco,* before returning to their office jobs on Monday. Sons and grandchildren are usually taken on these rural outings because to a *guajiro,* only a man who roughs it outdoors *tiene sangre en las venas* (has blood coursing through his veins).

"The first thing I did when I came to the United States was to buy myself a saddle, a horse, and a hunting rifle," says Antonio "Ñiquito" Fernández de Cosío. "It made me feel I was still in my own country, living the way I always did. It helped me feel like myself and not miss Cuba so much."

Celebrating with Gusto

A celebratory people by nature, it has been jokingly said that when Cubans hear two cans banging together, they start looking for the party. This is best exemplified by the Calle Ocho Festival held every year in March.

The festival began in 1977 under the auspices of the Kiwanis Club of Little Havana. In its early days, it attracted a few thousand Cuban exiles longing for

tierra, muchos residentes aprovechan este relativo espacio abierto para vivir "a la guajira". En Horse Country, no es raro encontrarse a uno de estos "campesinos urbanos" galopando en su caballo, con un sombrero de guano para resguardarse del sol, y armado... no con un machete, sino con un teléfono celular.

A menos de una milla de distancia de un supermercado "Publix", un restaurante "Wendy's" y una tienda "Wal Mart", muchos residentes han construido su bohío con techo de hoja de palma, un rinconcito criollo en el que se reúnen los fines de semana a conversar, a comer y a jugar dominó. En este pedacito de Cuba en el exilio, muchos también tienen un pequeño establo para su caballo y una caseta para guardar la montura, las espuelas y las botas de montar. Estos guajiros de fin de semana disfrutan de pasear a caballo, cazar, y asar puercos enteros al aire libre, antes de regresar el lunes a sus trabajos de oficina. La mayoría incluyen a sus hijos y nietos en estas excursiones, pues para un guajiro de "hueso colorado", sólo el hombre que vive en contacto con la naturaleza "tiene sangre en las venas".

"Lo primero que hice cuando llegué a este país, fue comprarme una montura, un caballo y un rifle de caza", dice Antonio "Ñiquito" Fernández de Cosío. "Así me parecía que seguía en mi país, viviendo como siempre lo había hecho. Eso me hizo extrañar menos a Cuba".

A Cuban joyride: Israel Moreno, Lázaro Milián, Pablo Alvarez, Ronaldi González, and Gerardo Díaz enjoy a beautiful afternoon on the outskirts of Hialeah.

Israel Moreno, Lázaro Milián, Pablo Alvarez, Ronaldi González y Gerardo Díaz disfrutan de un delicioso paseo a la guajira en las afueras de Hialeah.

a chance to celebrate their culture and traditions. At the time, the fun consisted of walking up and down the streets of South West Eighth Street, encountering a few street vendors along the way. For entertainment there were some local celebrities—a singer famous during the 1940s in Havana, a flamenco dancer or a struggling salsa band—who appealed mostly to old-timers.

But "the little festival that could" persevered and continued to grow through the years. Now billed as the largest Hispanic street festival in the United States, El Festival de la Calle Ocho jams over one million people from all over the world into an area twenty-three blocks long. This colorful re-creation of Cuba's pre-Castro *carnavales* and *comparsas* features contests, giveaways, cultural expositions, and joyous salsa, *guaguancó,* rumba and merengue street dancing. Some of the biggest names in Latin music—Willy Chirino, Elvis Crespo, Luis Enrique, and Thalía—perform from a giant stage illuminated with 48,000 watts of multicolored lights while ten cannons continually shower the crowd

Festejando por todo lo alto

Los cubanos son un pueblo alegre por naturaleza, e incluso se ha llegado a decir que cuando un cubano escucha chocar dos latas, se pregunta que dónde está la fiesta. Y el mejor ejemplo de esto es el Festival de la Calle Ocho, que se celebra en marzo de cada año.

El festival comenzó en 1977, bajo los auspicios del Club "Kiwanis" de La Pequeña Habana. Al principio, el festival atraía a unos pocos miles de cubanos, ansiosos por celebrar su cultura y tradiciones. En aquel entonces, la diversión consistía en caminar por la Calle Ocho de arriba a abajo, encontrándose en el camino con unos pocos vendedores ambulantes y una que otra caseta patrocinada por una empresa comercial.

Pero este pequeño gran festival perseveró y continuó creciendo con el paso de los años. Hoy, el Festival de la Calle Ocho es considerado el evento hispano más grande de los Estados Unidos, y logra reunir a más de un millón de personas, en un área de 23 cuadras de largo. Esta alegre recreación de los carnavales celebrados en la Cuba pre-castrista, ofrece concursos, sorteos, exposiciones culturales y bailes, desde salsa, guaguancó,

Left: "¡Uno, dos y tres, que paso más chévere!" *(One, two, three, what a great dance step!) Joyous revelers from all over the world enjoy the biggest Hispanic festival in the United States at El Festival de la Calle Ocho. Above: A celebrant dresses as Mamá Inés, the famous lady of Cuban folklore who, according to the popular song, "smokes cigars and drinks black coffee."*

Izquierda: "¡Uno, dos y tres, que paso más chévere...!" *Personas de todas partes del mundo disfrutan y celebran sus raíces durante "El Festival de la Calle Ocho", la celebración hispana más grande en todo los Estados Unidos. Arriba: Una participante se disfraza de Mamá Inés, la famosa negra del folclor cubano que, según la canción, "fuma tabaco y bebe café".*

with confetti. Happy revelers, some wrapped in their countries' flags, dance and enjoy roast pork, *churros,* tamales and paella.

But Cubans celebrate all festivities *en grande.* Birthdays, especially children's, are generally a big production number with gaily decorated piñatas and Cuban-style cakes filled with guava marmalade and topped with fluffy meringue. At some children's parties, a whole pig is roasted for the adults and parents rent ponies and Spanish-speaking clowns for entertainment.

Even some exclusively American traditions are celebrated with gusto in virtually all Cuban homes. Families usually commemorate San Guivin (Spanglish for Thanksgiving) with a culinary hybrid of turkey served with black beans or roast pork with cranberry sauce, and use this occasion to give thanks for living in a democracy and for the joy of being reunited with their loved ones. Most pray for Cuba's freedom. After the meal, the soft strains of "We Gather Together" are replaced by the upbeat sounds of popular singers Albita or Israel López "Cachao." Music—usually percussion-heavy Afro-Cuban sounds—is a vital part of almost all celebrations.

Curiously enough, sometimes a sort of cultural

rumba y merengue, en plena calle. Muchas de las grandes estrellas de la música latina como Willy Chirino, Elvis Crespo, Luis Enrique y Thalía, actúan sobre un escenario gigante, iluminado por 48,000 watts de rayos multicolores, mientras diez cañones, suspendidos a 30 pies de altura, continua-mente disparan "confetti"; en el público, por su parte, algunos, envueltos en la bandera de su país, bailan, y otros disfrutan de un rico puerco asado, de churros, de tamales o de una paella.

La realidad es que los cubanos celebran todo "en grande". Los cumpleaños, sobre todo los de los niños, generalmente son un evento especial, con alegres piñatas y grandes "cakes" cubanos rellenos de mermelada de guayaba. En algunas fiestas infantiles, los adultos asan un cerdo entero, y los padres alquilan póneys y contratan payasos, que hablan español, para la diversión de los chicos.

Incluso algunas tradiciones típicamente anglosajonas son celebradas con gusto en casi todos los hogares cubanos. La mayoría celebra "San Guivin" ("spanglish" para Thanksgiving) con un híbrido culinario de pavo servido con frijoles negros, o puerco asado con salsa de arándano, y usan esta ocasión para dar las gracias por vivir en una democracia y por la dicha de haberse reunido con sus

A performer at the Calle Ocho Festival perfects her makeup before the show. This colorful re-creation of Cuba's pre-Castro carnavales and comparsas features joyous salsa, guaguancó, rumba and merengue street dancing.

Una participante del "Festival de la Calle Ocho" se prepara antes de su actuación. Esta recreación de los carnavales y comparsas de la Cuba pre-castrista, incluye bailes de salsa, guaguancó, rumba y merengue, en plena calle.

Cuban Private Schools

Private schools and religious academies in Miami offer students a bilingual education with a strong emphasis on Cuban heritage and traditions. The curriculum at Escuela Lincoln-Martí, for example, is similar to the one offered students at regular public schools, but with one major difference for Cuban parents eager to preserve their heritage. Although classes are taught in English, students also learn Spanish and attend a civics class where they learn Cuban culture and traditions as well as respect for the country's flag, hymn, and coat of arms.

Some of the most respected private institutions are the Conchita Espinosa Academy, Lourdes Academy, La Salle, Ransom-Everglades, St. Brendan's School for girls, and Belén Jesuit Academy for boys.

"I graduated from Immaculate Conception School in Cuba over forty years ago," says Luz María Benavides, a firm believer in the value of preserving the national heritage. "I sent my girls to St. Brendan's because I didn't want them to forget where we came from."

Inset: Angelo Viniegre tends to his homework at the San Juan Bosco Church after-school program.

Escuelas privadas

Los colegios privados y las academias religiosas de Miami les ofrecen a los estudiantes una educación en inglés y en español, con énfasis en la herencia y las tradiciones cubanas. El curriculum en las escuelas Lincoln-Martí, por ejemplo, es similar al que se ofrece en las escuelas públicas, pero con una diferencia fundamental para los padres que desean que sus hijos conserven sus raíces. Aunque las clases se imparten en inglés, los estudiantes también aprenden español y asisten a una clase de Cívica y Moral, en la que aprenden sobre la cultura de su país de origen, además de respeto por la bandera, el escudo y el himno nacional. Algunas de las más respetadas instituciones privadas son: Conchita Espinosa Academy; Lourdes Academy; La Salle, Ransom-Everglades; St. Brendan's School (para las muchachas) y Belén Jesuit Academy (para los varones).

"Yo me gradué de la escuela de La Inmaculada Concepción, en Cuba, hace más de 40 años", dice Luz María Benavides, una firme creyente en la importancia de preservar las raíces. "Por eso mis hijas van a St. Brendan; no quiero que olviden de donde venimos".

Inserto: Angelo Viniegre hace sus tareas en el programa extracurricular de la Iglesia de San Juan Bosco.

cross-pollination takes place and a typical American custom takes root ninety miles away in Cuba. When Alicia Hernández visited her family in Havana one November, she treated them to a typical Thanksgiving dinner. Her family not only understood the spirit of this celebration but loved it so much that every November its members pool their resources to put together a meal of *guanajo* (Cuban turkey) with white rice and beans and commemorate San Guivin in Havana.

Nochebuena in Exile

But of all the celebrations and holidays, Nochebuena, celebrated on December 24, has always had a special meaning for the Cuban people. On this night, families gather around the table to enjoy a traditional Christmas dinner of roast pork, black beans accompanied with white rice, and yuca in olive-oil-and-garlic dressing. Nougat, egg yolk, and almond *turrones* from Spain are served for dessert, and the *sobremesa* (after-dinner conversation) usually lasts late into the night. It is a happy occasion, but for exiles, it always brings memories of other Nochebuenas celebrated in Cuba with families not yet broken up by *el exilio*.

"To understand how sad the first Nochebuena in exile was for most of us, a person has to know how magical they were in Cuba," says Consuelo Hernández, who left the island in 1967. Consuelo grew up in Santiago de las Vegas, a small, picturesque town of tile-roofed Spanish colonial-era homes

seres queridos. Después de la cena, las apacibles notas de "We Gather Together" son reemplazadas por la música bulliciosa de Albita o Israel López "Cachao". Y es que la música, especialmente los ritmos afro-cubanos, es una parte vital de toda celebración. "Reírnos ante la tragedia siempre ha sido una característica nacional", ha dicho el querido comediante cubano Guillermo Alvarez-Guedes.

Curiosamente, a veces ocurre una especie de polinización cultural a la inversa, y una tradición típicamente anglosajona echa raíces a 90 millas, en Cuba comunista. Cuando Alicia Hernández visitó a su familia en La Habana, durante un noviembre, preparó (comprando los alimentos con dólares, por supuesto) una típica cena del Día de Acción de Gracias (Thanksgiving). Su familia no sólo comprendió el espíritu de esta celebración, sino que les encantó de tal manera, que a partir de entonces todos los noviembres sus miembros unen sus escasos recursos y hacen una cena con guanajo, arroz blanco y frijoles negros, para celebrar su "San Guivin".

Nochebuena en el exilio

Sin embargo, de todas las fechas y tradiciones que celebran los cubanos, la Nochebuena siempre ha tenido un significado especial. La noche del 24 de diciembre, la familia se reúne alrededor de la mesa a disfrutar de la típica cena: puerco asado, arroz blanco, frijoles negros y yuca con mojo. Es una ocasión feliz, pero para los exiliados, siempre trae recuerdos de otras Nochebuenas celebradas en Cuba

and simple, hardworking people.

"It was such a treat to go out and pick *un arbolito* (a Christmas tree)! Grandparents, brothers, sisters, cousins—everybody!—would come from other towns to be together. Several generations would sit around the table and laugh and share stories; you felt warm and peaceful and loved. Very often, times were hard and we had little or nothing to give each other, but on that day everyone—children, grown-ups, old people—would greet on the street and wish one another a Merry Christmas. We were genuinely happy," she remembers. "But it was not about going shopping or acquiring material things. It was simply about family togetherness." And *tradición*.

con la familia completa, cuando sus miembros aún no habían sido separados por la política o el exilio.

"Para que una persona pueda comprender lo triste que la primera Nochebuena fuera de Cuba fue para nosotros, tiene que saber lo mágica que era en nuestra patria", dice Consuelo Hernández, que dejó la isla en 1967. Consuelo creció cerca de La Habana, en Santiago de Las Vegas, un pintoresco pueblito de casas coloniales con tejas rojas y de gente sencilla y trabajadora. "Salir a buscar un arbolito era algo tan especial... Los abuelos, los hermanos, las hermanas, los primos, ¡todos! venían de otros pueblos para estar juntos. Varias generaciones se sentaban alrededor de la mesa a reír y a compartir historias; había calor de familia y uno se sentía querido y seguro. Muchas veces los tiempos eran duros y no teníamos qué regalarnos, pero ese día todos, los adultos y los niños, nos saludábamos en la calle y nos deseábamos 'Felicidades'. Eramos genuinamente felices", recuerda. "Pero no porque nos íbamos de compras a las tiendas ni porque recibíamos regalos materiales. Era, simplemente, porque estábamos todos juntos. En familia".

The festivities at Calle Ocho explode with music and color.
The costumes are reminiscent of the beautiful rumbera outfits worn by the dancers
of the famed Tropicana Nightclub of 1950s Havana.

Las celebraciones en la Calle Ocho son un verdadero estallido de música y color.
Estos trajes recuerdan los bellos atuendos que usaban las bailarinas
del famoso club "Tropicana" de La Habana de los años 50

Local Color
Color local

IMAGINE YOU ARE IN HAVANA. The year is 1958 and the long exodus that began with Fidel Castro's takeover of the island is still a year away.

The narrow cobblestone streets of colonial-era *La Habana Vieja* (Old Havana) are teeming with people, a vibrant multitude made up of every race under the sun: *mulatas* with skin the color of *café con leche,* blonds of European descent, and ebony matrons dressed in white, as befits practitioners of the Santería religion.

"Cubans are expressive and sincere, generous and loyal. They like to live in the light and create noisy, happy crowds. They say what they feel with sweet candor . . ."
–Venezuelan writer Enrique Lumen in 1934, after visiting Cuba

On Muralla Street, merchants ply their wares— yards and yards of colorful fabrics—as women walk by eliciting *piropos,* that playful way of praising the female that the Spaniards brought over from the Old World. To a woman wearing a green dress, tight in all the right places: *"Si así eres verde, ¿cómo serás madura?"* (If this is how you look when you are

IMAGINESE, por un momento, que usted está en La Habana. Transcurre el año 1958, y el largo éxodo que comenzó cuando Fidel Castro tomó el control de la isla, aún está por llegar.

Por las calles de adoquines de La Habana Vieja colonial, desfila bajo el sol una multitud compuesta de todas las razas: mulatas café con leche, rubios y negras como el ébano, vestidas de blanco, tal como le corresponde a los practicantes de la religión yoruba.

"El cubano es expresivo y sincero, generoso y leal. Vive a la luz y forma muchedumbres alegres y bulliciosas. Dice lo que siente con dulce ingenuidad".
(Impresiones después de visitar Cuba, en 1934) Enrique Lumen, escritor venezolano.

En la calle Muralla, los comerciantes muestran su mercancía de coloridas telas, mientras las mujeres se pasean provocando piropos, esos elogios galantes y picarescos que los españoles "importaron" del Viejo Mundo. Un guapo le dice a una mujer vestida de verde, con un modelo ajustado: "Si así eres estando verde, ¿cómo serás madura?".

Por aquella estrecha calle se acerca el heladero,

Adalberto Guerrero and granddaughter Hannah Manzano take a stroll in front of a Little Havana mural depicting scenes of Varadero Beach, Cuba.

En La Pequeña Habana, Adalberto Guerrero pasea con su nieta, Hannah Manzano, frente a un mural que recoge escenas de la playa de Varadero, en Cuba.

green, how will you look when you are ripe?)

Here comes the *heladero* (ice cream vendor), clanging a bell as he pushes his cart; and the *manisero,* with his distinctive call *("¡Maníí, manisero!")*, enticing you to buy a paper cone, or *cucurucho*, of roasted peanuts. There goes the city's beloved eccentric. He calls himself *El caballero de París* (The gentleman from Paris), a melancholy figure who restlessly walks the streets draped in a black cape. Over in that corner, by the bodega with bunches of bananas hanging from the ceiling, the *limpiabotas* (shoeshine boy) snaps his cloth and points to his chair. The smell of fine cigars emanates from outdoor cafés where men in crisp *guayaberas* laugh and shout and drink black coffee. You feel this city's energy inside you, beating like bongos. You will leave it, but you will never forget it.

The Heart of Cuban Miami

WELCOME TO LITTLE HAVANA reads the sign posted at Calle Ocho and 27th Avenue, the official entrance to what Cubans call *la sagüesera,* a Spanglish word for southwest. The sign is fitting,

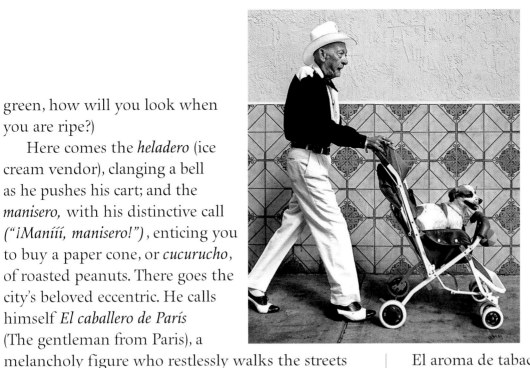

tocando una campana, mientras empuja su carrito; y el manicero, con su típico pregón de "¡Maníí, manisero!", invita a la caserita a comprarle un cucurucho. Y ese señor delgado, de aspecto melancólico, con una larga capa negra, es el excéntrico de la ciudad y se hace llamar "El caballero de París".

Mientras, en esa esquina, junto a la entrada de la bodega, el limpiabotas agita su paño y señala hacia su silla. El aroma de tabaco fino emana de cafés al aire libre, donde los señores que visten de guayabera ríen y hablan y beben café negro. Usted siente el ritmo de esta ciudad latir dentro de su pecho, fuerte como un bongó. Un día la dejará. Pero nunca podrá olvidarla.

El corazón de La Pequeña Habana

"Bienvenido a La Pequeña Habana", reza un cartel pintado en un edificio de la Calle Ocho y la Avenida 27, la entrada oficial a esa zona de Miami que los cubanos llaman "La Sagüesera" (una palabra en "spanglish", que significa South West, es decir, Suroeste). El cartel es apropiado, pues aunque la presencia cubana se hace sentir en todo el Sur de la Florida, la Calle Ocho del Suroeste, una concurrida arteria con edificios de estilo

Left: Jesús Alcina sells his decorative fighting roosters in Hialeah, between Le Jeune and Okeechobee roads.
Above: Miami Beach resident Marcelino Padrón takes his dog Chiqui out for a stroll . . . in a baby carriage.

Izquierda: Jesús Alcina vende sus coloridos gallitos de pelea en Hialeah, entre las calles de Le Jeune y Okeechobee.
Arriba: Marcelino Padrón, residente de Miami Beach, pasea a su perra, "Chiqui", en un coche de bebé.

for although the Cuban presence is felt all over South Florida, South West Eighth Street—a busy thoroughfare lined with old faux Spanish buildings painted in bright tropical colors—remains the heart of Cuban Miami. Here—*definitivamente!*—*"Se habla español."* It has even been said that an individual who lives in Little Havana can be delivered by a Cuban obstetrician, buried by a Cuban undertaker, and in between lead a perfectly satisfactory life without needing to go outside the Cuban neighborhood.

At Calle Ocho, people run past peanut and tamale vendors to catch *la guagua* (the bus) and stop at the corner *botica* to fill their prescriptions and pick up *un periodiquito*, (a newspaper). Cuban-accented voices fill cramped, country-style bodegas where the aromas of strong coffee and ripe fruit bring back memories of similar stores from childhood.

At Los Antiguos Merengues market, crates of yucas and bananas sit next to votive candles and canisters of hair spray. But regulars like Raúl Meneses have no trouble finding what they need. "I know this place like the back of my own hand. I've been shopping here since I left Cuba over thirty years ago. American markets are too big, and I can never find what I want." His callused hand slicks back sparse

colonial español con alegres colores tropicales, sigue siendo el corazón de "La Pequeña Habana". Aquí, ¡definitivamente!, "Se Habla Español". Incluso, se ha llegado a decir que "un individuo que vive en La Pequeña Habana puede nacer en brazos de un obstetra cubano y ser sepultado por un enterrador también cubano y, en este lapso, ser capaz de vivir una vida perfectamente satisfactoria sin necesidad de salir del vecindario cubano".

En la Calle Ocho la gente anda entre maniseros y tamaleros, mientras corre a "coger la guagua" (el ómnibus), o se detiene un "momentico" en la botica para dejar la receta y, de paso, recoger "un periodiquito", uno de los muchos que tratan con pasión el tema de la libertad de Cuba.

Voces con acento cubano se escuchan en pequeñas bodegas atiborradas de mercancía, donde el olor a café y a fruta madura trae recuerdos de otras bodegas, muy similares, visitadas en la niñez. En los "Antiguos Merengues Market", por ejemplo, las cajas de yuca y de plátanos manzanos reposan junto a las de velas para los santos y las de los atomizadores de gomina para el pelo.

Pero los viejos clientes, como Raúl Meneses, no tienen dificultad para hallar justo lo que necesitan. "Conozco este lugar como la palma de mi mano; compro aquí desde que llegué hace más de 30 años.

Life, Cuban-style: Clockwise from above left: A sign at the entrance of Havana To Go, a store near Domino Park, points out the easy informality of "Cuban time." Rogelio Morto performs with one of his many life-size dolls during Cultural Friday at Eighth Street. At La Carreta Restaurant's outside coffee counter, Cuban men drink un cafecito *and practice the national pastime: conversation. Just another day at Casablanca Seafood Market, on Watson Island, for Jorge Sánchez.*

La vida "a la cubana": El letrero a la entrada de "Havana To Go", una tienda que vende recuerdos de Cuba y que está cerca del "Parque del Dominó", señala la flexibilidad del "horario cubano". Rogelio Morto baila con una de sus muñecas durante el "Viernes Cultural", en la Calle Ocho. En la cafetería exterior del restaurante "La Carreta", estos amigos disfrutan de un cafecito y del pasatiempo nacional: la conversación. Un día típico para Jorge Sánchez, de "Casablanca Seafood Market", en Watson Island.

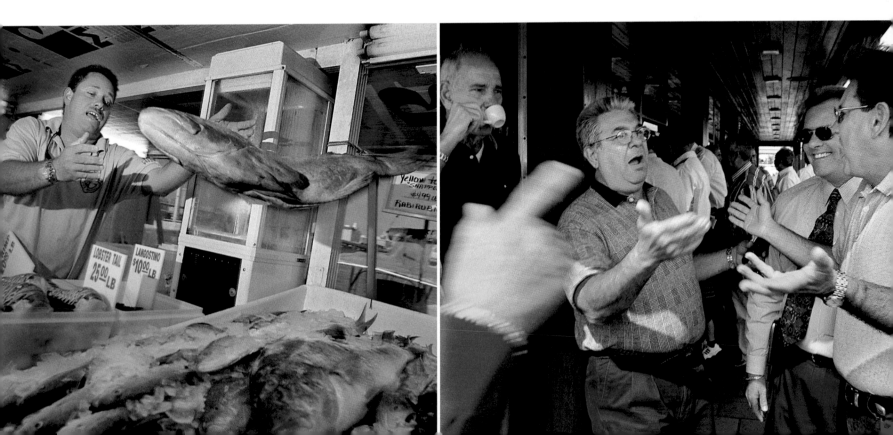

gray hair. "Besides, here they let me buy on credit because I'm such a good customer!" Raúl says, a sly smile playing on his lips. Like most Cubans, he is an inveterate kidder. "Why would I go someplace else, *mi amor?*"

"Customers usually come in every day, just to pick up bread or juice," says cashier Justa Burgos, a jovial lady in her sixties who likes to make friendly small talk with the customers. The conversations tend to revolve around the situation in Cuba— whether a letter was received from "home," and the health of those living on the island. The majority of these habitual shoppers are elderly, retired, and welcome the opportunity to get out of the house and mingle with people. "I live with my son and my grandchildren," says Raúl. "But he and his wife work, and the kids are in school. So I'm alone all day. Usually I go to Domino Park or to *la bodega.* I don't watch TV. I can't stand those *telenovelas* (soap operas)!"

But perhaps he's just following tradition. In Cuba, most people didn't do their shopping once a week, as in the United States. Instead, they went to the market every day. There they met with their neighbors and, as always happens when Cubans get together, would converse on everything from politics to baseball.

Es que los mercados americanos son muy grandes y nunca encuentro lo que busco", admite, mientras con una mano rugosa alisa su pelo escaso y gris. "Además, aquí me fían porque soy muy buen cliente", dice con una sonrisa picaresca. Como la mayoría de los cubanos, Raúl es un bromista innato. "¿Para qué voy a ir a otro lugar, mi amor?".

"Generalmente, todos los días, los clientes vienen sólo para comprar jugo o pan", dice Justa Burgos, la cajera, una jovial señora de poco más de 60 años, a quien le encanta conversar con los clientes. Estas conversaciones invariablemente giran alrededor de Cuba: si se recibió carta de "casa"; la salud de los familiares en la isla y si les llegaron las medicinas que se les enviaron. La mayoría de los clientes son personas mayores, casi siempre retiradas, que agradecen la oportunidad de salir de la casa y reunirse con su gente. "Vivo con mi hijo y con mis nietos", dice Raúl. "Pero él y su esposa trabajan en la calle y los niños van a la escuela. Estoy solo en la casa casi todo el día. Casi siempre voy a 'El Parque del Dominó' o a la bodega. No veo televisión. ¡No soporto esas telenovelas!", cuenta Raúl.

Pero quizás, simplemente, Raúl sigue la tradición. En la Cuba pre-castrista no se solía "hacer los mandados" (las compras) una vez a la semana, como es la costumbre en los Estados Unidos. Por regla

Shopping for memories at Cuba Nostalgia, a huge yearly event held in Coconut Grove, Florida, that celebrates and showcases Cuban history, music, food, culture, and traditions.

En "Cuba Nostalgia", un gran evento cultural que tiene lugar todos los años en Coconut Grove para celebrar la historia y el folclor cubano, estas señoras compran recuerdos de su patria querida.

The storekeeper became almost part of the family. Some were Chinese nationals who, ironically, had immigrated to Cuba to escape their country's communist regime. Then, when Castro took over, their stores were *intervenidas,* meaning that they now belonged to the government. The original owners became employees of the state.

"The bodegas in Cuba were charming," claims Raúl. "They sold *un kilo* (a cent) of coffee and gave us a *contra* (a gift) of sugar, salt, or whatever we wanted. If you were a good customer, you could buy on credit; the storekeeper kept a little notebook where he jotted down what you owed him." Raúl pauses for a moment, his eyes far away. "They don't give us the *contra* here," he adds, "but they have good specials. So it's not so bad. It's about the same."

Little Havana is an early riser. Outside bustling neighborhood bakeries, the regulars start lining up at six in the morning for Cuban bread hot from the oven, and people on their way to work stop to buy *café con leche* and buttered *tostadas.* Instant bonding is a national trait, so these informal gatherings soon become chatty, laugh-filled social visits. "We inquire after one another's health and pass around pictures of weddings and grandchildren. Of course, there's always someone up on a soapbox, shouting about politics!" says Tony Sánchez, manager of Jessy Bakery. "I've had customers call me on my cell phone while I'm at the beach on my day off, just to talk."

general, el ama de casa iba a la bodega a diario, para comprar lo necesario para la comida del día. El bodeguero era prácticamente parte de la familia, y los vecinos aprovechaban esta reunión informal para conversar sobre los eventos del día y las noticias del barrio.

"Las bodegas en Cuba tenían su encanto", afirma Raúl. "Comprabas unas onzas de café y te daban la 'contra' de azúcar, de sal o de lo que quisieras. Si eras buen cliente, podías comprar fiado. El bodeguero tenía una libretica donde apuntaba lo que comprabas", dice, con la mirada perdida en algún punto lejano. "Aquí no nos dan la 'contra', pero tienen buenos especiales. No es tan diferente".

La Pequeña Habana, como muchos de sus residentes, es madrugadora. Afuera de las panaderías de cada vecindario, los clientes habituales comienzan a hacer cola desde las seis de la mañana, esperando a que éstas abran sus puertas. Con la típica "jabita" en la mano, las señoras y los señores mayores esperan por una flauta de pan recién horneada, mientras los más jóvenes se detienen, camino al trabajo, para comprar café con leche y tostadas. Como la "familiaridad instantánea" es un rasgo nacional, estas reuniones informales pronto se convierten en verdaderas visitas llenas de bromas, risas y conversación. "Aquí todos nos preguntamos por la salud y nos enseñamos las fotos de los nietos. Claro, siempre hay alguien 'encaramado en una tarima' dando un discurso de política", ríe Tony Sánchez, administrador de "Jessy Bakery". "He tenido clientes que me llaman por teléfono, en mis días libres, nada más para conversar".

*Vendor Rosendo Franco attracts a crowd drawn by his colorful
customized truck, brimming with fresh fruit and vegetables.*

*Un grupo de compradores se arremolina alrededor del colorido camión
de Rosendo Franco, repleto de frutas y vegetales frescos.*

Torpedoes, Panetelas, and More

At Montecuba, one of half a dozen *tabaquerías* (tobacco shops) in the area, Gricelia Gómez hand-rolls cigars just as she did fifty years ago in her native Havana. Inside the small working area, the rich aroma of raw tobacco leaves hangs in the air. Her customers are mostly young Latin males. Some travel all the way from South Beach for *torpedo* (so called for their shape) and *panetela* (smaller and thinner) cigars. "I make them from whole leaf, not from *picadura* (shredded tobacco from lesser quality leaves)," Gricelia points out with a touch of pride. "I learned this craft over fifty years ago, when I was a very young girl. I was taught by people who learned their craft years and years before."

When Gricelia came to the United States in 1978, she went to live in Union City, New Jersey. "I'd walk down Bergenline Avenue, tears running down my cheeks, that's how cold it was. I came to Miami a few years later. You know Cubans; we can't live without the sun!" Gricelia carefully spreads the

Torpedos, panetelas y más

En "Montecuba", una de media docena de tabaquerías de La Pequeña Habana, Gricelia Gómez hace tabacos, tal como lo viene haciendo desde hace más de medio siglo. El intenso olor de las hojas del tabaco se deja sentir en el aire. Según Gricelia, sus clientes son, mayormente, jóvenes latinos, muchos de los cuales viajan desde South Beach para comprar los aromáticos "torpedos" y las elegantes "panetelas" que están de moda. "Hago los tabacos de hoja entera, no de picadura (hecha de hoja de inferior calidad)", dice con un dejo de orgullo. "Aprendí a hacerlos hace 50 años, cuando era una niña; me enseñaron personas que aprendieron el oficio muchos años atrás".

Gricelia cuenta que cuando llegó a los Estados Unidos, en 1978, fue a vivir a Union City, New Jersey; el choque, recuerda, fue más que cultural. "Caminaba por la calle Bergenline y las lágrimas me corrían por el frío tan grande que hacía. Unos años después, nos mudamos a Miami. Tú sabes cómo somos los cubanos: no podemos vivir sin el sol".

Left: At Macabí Cigars, one of several tobacco shops in Little Havana, Orestes Lorenzo rolls the perfect cigar. Above: Ready for your pleasure. Torpedo and Churchill cigars wait for the final touch: the artistic, decorated paper ring that bears the maker's brand.

Izquierda: Orestes Lorenzo crea el tabaco perfecto en "Macabí Cigars", una de las muchas tabaquerías de La Pequeña Habana. Arriba: Listos para su placer. Estos tabacos "Torpedo" y "Churchill" esperan por el toque final: el artístico anillo que lleva el nombre del fabricante.

tobacco leaf in search of imperfections. She finds one and cuts it off with a *chaveta,* the *mezzaluna* blade used by *tabaqueros.* "I make the cigars the way I did in Cuba; if you want them to be good, you have to follow tradition." By her count, she makes one hundred cigars a day. "I worked in an office for a while, but when I retired I decided to come back." Why? She shrugs her shoulders, her agile hands forever rolling, tucking, creating the perfect cigar. "It's what I do."

A Local Institution

Just a few blocks down from the cigar shop stands Versailles, a busy, noisy neighborhood restaurant that mixes Louis XIV-style gilded mirrors and crystal chandeliers with formica-topped tables and paper place mats. Established in 1971, this local institution doubles as unofficial village square, where opinions—on subjects ranging from politics to soap operas—are voiced loudly and passionately, while Cuban celebrities mingle with young businessmen, journalists, politicians, and well-coiffed *abuelas* fresh from their weekly visit to the beauty salon. Late at night, willowy transvestites decked out in boa-feathered splendor drop by after their show at Fantasy, the nightclub across the street, for a *café con leche.* Married couples come for dinner and stay for the traditional *sobremesa,* and young people from neighboring Hialeah and Westchester stop for a sandwich *cubano* on their way to trendy South Beach.

Mientras habla, las manos de Gricelia, pálidas y delicadas, abren con sumo cuidado una hoja de tabaco, en busca de defectos; cuando halla uno, lo corta de un tajo con la chaveta, la típica navaja mezzaluna de los tabaqueros. "Hago los tabacos igualito que los hacía en Cuba; si los quieres buenos, tienes que seguir la tradición". Por su cuenta, hace cien al día. "Por un tiempo, trabajé en una oficina, pero cuando me retiré, decidí regresar a ésto". ¿Por qué? Gricelia se alza de hombros, mientras sus ágiles manos crean el tabaco perfecto: "Es lo que sé hacer".

Una institución local

A unas cuadras de la tabaquería se encuentra "Versailles", un bullicioso restaurante con espejos dorados e imitaciones de candelabros estilo Luis XIV, con mesas de formica y manteles individuales de papel. Con más de tres décadas, esta "institución" local hace las veces de "plaza popular", ya que es un lugar donde las opiniones sobre política local o la telenovela rosa del momento, son emitidas con verdadera pasión, mientras que íconos del Destierro Cubano, como la cantante Olga Guillot y el comediante Guillermo Alvarez Guedes, comen sandwiches cubanos y arroz con pollo codo con codo con hombres de negocios, periodistas, políticos y emperifolladas abuelas recién salidas de su visita semanal a la peluquería.

Tarde en la noche, los travestis que actúan en el club nocturno "Fantasy", cruzan para tomar un café con leche. Las parejas, solas o en grupo, vienen a cenar y se quedan para hacer la típica sobremesa saboreando un

Waiting for a cortadito (black coffee cut with a little milk) at Café Versailles, the always bustling outdoor coffee counter at Versailles Restaurant in Calle Ocho. Below: Since the 1980s, Modesta Iglesia–the darling of the café's customers–has been dispensing coffee, guava pastelitos, and her special brand of charm from this take-out window.

Los clientes asiduos esperan por un cortadito en el "Café Versailles", la siempre concurrida cafetería localizada en el exterior del restaurante "Versailles" de la Calle Ocho. Abajo: Desde los años 80, Modesta Iglesia, la empleada consentida de los clientes, dispensa café, pastelitos de guayaba y su simpatía única desde este mostrador.

Clockwise from right: At Cuban restaurants, the way the meal is ordered and served is as important as the food itself, and favorite waitresses, such as Versailles Restaurant's Cuqui Estupiñan, proffer the day's specials with a little conversation and a lot of warmth. Alberto, the bartender, prepares the perfect mojito, a delicious mix of Cuban rum, lemon juice, sugar, soda water, and a mint leaf. Maître d' Ernesto García welcomes visitors to the unique dining experience that is Versailles.

En los restaurantes cubanos, el servicio es tan importante como la comida misma, y las meseras preferidas por el público, como Cuqui Estupiñan, del restaurante "Versailles", ofrecen los especiales del día con su amena conversación y mucho calor humano. Alberto, el encargado del servicio de la cantina, prepara el "Mojito" perfecto, esa deliciosa mezcla de ron cubano, jugo de limón, azúcar, agua de soda y una ramita de menta. Ernesto García, el Maître d', da la bienvenida a la experiencia única de cenar en Versailles.

"The young and the old mix very well here," says María Teresa Esperón, a Versailles employee. "Boys bring their American girlfriends to eat *lechón* (roast pork) because this is the closest they can come to taking them to the old country."

And then there are the *botánicas* (Santería paraphernalia shops), where life-size effigies of Santa Bárbara and San Lázaro flank the entrance. The lifelike images of saints in scarlet robes, combined with the over-powering smell of incense, create an almost primitive sense of the sacred. Near 37th Avenue, a storefront called Changó y Yemayá sells toasted corn, smoked fish, and other delicacies used by the devout to *alimentar los santos* (feed the saints). These offerings may include lit cigars and shots of rum and are placed in private altars like the one in the home of Hilda Doná.

"I owe my freedom to Changó," she says, pointing to the icon respectfully. The foot-high statue of the saint Catholics know as Santa Bárbara is displayed on a black high-tech end table next to a large-screen television set. "Every time I've had a problem, she has answered my prayers; I couldn't go on without my faith."

The store also sells potions with names like *Ven a mí* (Come to Me), *Siete potencias* (Seven Potencies) and *Abre Camino* (Open the Way) and caters to a

cafecito; mientras que los jóvenes de Westchester y Hialeah paran, camino a las discotecas del popular South Beach, para comer un sandwich cubano.

"Aquí los jóvenes y los viejos se llevan muy bien", dice María Teresa Esperón, empleada de "Versailles" desde 1986. "Los muchachos traen a sus novias americanas a comer lechón, porque no pueden llevarlas a nuestro país y 'Versailles' es lo más parecido a Cuba que tenemos".

Y, por supuesto, en una zona tan cubana no pueden faltar las botánicas, donde muchas veces las imágenes al tamaño natural de Santa Bárbara y San Lázaro están a la entrada. Aunque la botánica no es un lugar para adorar a las deidades, los santos vestidos de púrpura o escarlata y el penetrante olor a incienso que invade el lugar, ayudan a crear una sensación casi primitiva de lo sagrado.

Cerca de la Avenida 37, una botánica con el nombre de "Changó y Yemayá" vende maíz tostado, pescado ahumado y otros productos para "alimentar a los santos". Estas ofrendas a veces incluyen tabacos encendidos y ron, y son colocadas en altares privados como el que tiene en su casa Hilda Doná, quien llegó de Cuba en 1992.

"Yo le debo mi libertad a Changó", dice, señalando respetuosamente la estatua que los católicos conocen como Santa Bárbara y que Hilda ha colocado en una

Karla Lastra, busy at work at
San Lázaro Flower and Botánica in Hialeah.

Karla Lastra, muy ocupada, en la
"San Lázaro Flower y Botánica", en Hialeah.

Left: At San Lázaro Flower and Botánica, Karla Lastra dusts off statues of the saints venerated in the Yoruba religion.
Above: The colorful bead-and-shell necklaces used in the Santería initiation ceremony.

Izquierda: En la "San Lázaro Flower y Botánica", Karla Lastra atiende, con sumo cuidado, las estatuas de los santos que se veneran en la religión Yoruba.
Derecha: Los coloridos collares de cuentas y caracoles que se usan en la ceremonia de iniciación de la santería.

heterogeneous crowd. "We get old people who are worried about their health, young people who are suffering with love problems," says manager Rosa María Villamia, "and everybody in between."

Just Like it Used to Be

Across the street from the *botánica,* fruit vendor Francisco García parks his colorful customized truck, its open bed brimming with fresh fruit and produce. In seconds, people start coming out of stores and office buildings to inspect the merchandise and make small talk. One of the regular customers magically produces *una colada*— a large serving of Cuban coffee–and distributes it in thimble-size plastic cups. "It's like this everywhere I park my truck," says Francisco, who arrived from Havana in 1997. "Everything is just like it used to be in Cuba before Fidel: same bodegas, same businesses, same people."

Yes, everything is the same, or as close as it can be. There is even a local eccentric. Inspired by the salsa music that blares from the speakers of a record store,

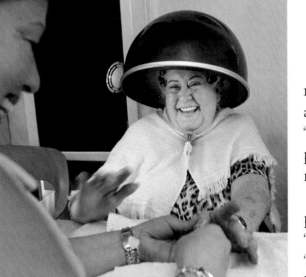

mesa negra estilo "high tech", junto a un televisor de pantalla gigante. "Cada vez que he tenido un problema, ella ha respondido a mis ruegos; yo no podría vivir sin mi fe".

La tienda, además, vende pociones con nombres como "Ven a mí", "Siete Potencias" y "Abre Camino", y tiene una clientela heterogénea. "Aquí vienen viejos preocupados por la salud y jóvenes con problemas de amor. ¡De todo un poco!", dice Rosa María Villamia, la administradora.

Igual que como era entonces

El vendedor ambulante de frutas Francisco García estaciona su camión, rebosante de viandas y frutas, frente a la botánica. En segundos, la gente comienza a salir de las tiendas y edificios de oficinas para inspeccionar la mercancía y participar del pasatiempo nacional cubano: la conversación.

Uno de los clientes asiduos mágicamente hace aparecer una colada de café, que reparte en tacitas plásticas, pequeñas como dedales. "Es lo mismo dondequiera que 'parqueo' el camión", dice Francisco,

Cuban women take great pride in their appearance. At Foxy Hair Designs on Eighth Street, hairdresser Ricky Ruiz makes Odalys Negrín beautiful. Inset: As manicurist Carmen Valdés tends to her nails, regular customer Carmen Correa gets the full beauty treatment at Crismary Peluquería in Little Havana.

La visita a la peluquería es un ritual de la mujer cubana. En "Foxy Hair Designs", en la Calle Ocho, el estilista Ricky Ruiz embellece a Odalys Negrín. Arriba: Mientras la manicurista Carmen Valdés atiende las uñas, Carmen Correa, una cliente asidua, recibe su tratamiento de belleza en "Crismary Peluquería", en La Pequeña Habana.

a young mulatto woman residents call *La Rumbera* (the rumba dancer) shimmies and sways with abandon in the middle of the street, oblivious to the stares of passersby. "Sometimes," says Francisco, "you forget you are in the United States."

In Cuban Miami, everything—the Spanish-style architecture, the palm trees that sway in the breeze, the signs (OLGA GUILLOT WAY; THE KING OF THE CUBAN SANDWICH), and the voices that drift out of the homes and bodegas—combines to create a tiny country within a country.

"Incredibly, some parts of Miami are more Cuban today than when exiles started arriving in the 1960s," says Julián Márquez-Sterling, a retired history professor at Plymouth State College in New Hampshire. Márquez-Sterling, who spends his summers in Miami, attributes this eternal love for all things Cuban to "the confluence of two waters: the nostalgia of the old, who yearn to keep their traditions alive, and the desire of the young to find their roots." What sparked—and fueled—this desire? Wouldn't it have been easier to embrace the customs of a new land and discard old traditions like an *abuelo's* tattered *guayabera?*

"Every human being has a desire to know where he comes from. We need to belong some-place, or else we feel like a speck of dust in the immense black void," explains Márquez-Sterling. "Cubans have not let their way of life die, and so they have kept their country alive, just as it was in 1959. I tell my Anglo friends that there are two

quien llegó de La Habana en 1997. "Esto es igual a Cuba antes de Castro: los mismos negocios, las mismas bodegas, la misma gente".

En efecto: todo es igual o, por lo menos, igual hasta donde es posible serlo en una tierra que no es la propia. La Pequeña Habana incluso tiene su "excéntrica local". Inspirada por la música que brota de una tienda de discos, una "mulatica", a la que algunos residentes llaman "La Rumbera", baila con verdadero abandono, en la acera o en el medio de la calle, ajena a las miradas. "A veces", afirma Francisco, "te olvidas de que estás en los Estados Unidos".

"Aunque parezca increíble, algunas zonas de Miami son más cubanas hoy que cuando los exiliados comenzamos a llegar en los años 60", dice Julián Márquez-Sterling, un profesor de Historia, ya retirado, de la universidad de Plymouth, en New Hampshire. Márquez-Sterling, que veranea en Miami, atribuye este amor por todo lo cubano a "la confluencia de dos aguas: la nostalgia de los viejos, que ansían mantener vivas sus tradiciones, y el deseo de los jóvenes de hallar sus raíces". Pero ¿qué provocó y mantiene vivo este deseo? ¿Acaso no hubiera sido más fácil acoger las costumbres de esta nueva tierra y echar de lado las viejas tradiciones como se desecha la raída guayabera del abuelo?

"Todos los seres humanos tenemos la necesidad de saber de dónde provenimos. Necesitamos sentir que pertenecemos a un sitio, para no sentir que sólo somos una partícula de polvo en el inmenso vacío negro", explica Márquez-Sterling. "Los cubanos no

Cubas. One is an island in the Caribbean; the other is a small enclave in Miami. The only thing that separates them is a stretch of water."

hemos dejado morir nuestra forma de vida, y por eso hemos mantenido viva a Cuba, tal como era en 1959. Le digo a mis amigos anglosajones que hay dos Cubas: una isla en el Caribe y otra, un pequeño enclave en Miami. Y lo único que las separa es un estrecho de mar".

A mural in Little Havana reads "cantar, no llorar" (sing, don't cry), and Cubans take its message to heart in their joyful street celebrations.

Un mural en La Pequeña Habana reza: "Cantar, no llorar", y los cubanos se lo toman muy a pecho en sus alegres celebraciones callejeras.

Cuban Cuisine
Cocina Cubana

"WHAT I MISSED THE MOST were the *pastelitos de guayaba*," says Josefa Ramos. Josefa left the warm sun of Cuba for the chilly clime of Toronto, Canada, before moving to Miami in 1993. The flaky pastry squares filled with guava marmalade, as well as other delicacies that she remembered from her Cuban childhood, were the source of a constant longing that at times had almost comical consequences.

"Nothing can transport me back to my country like a real Cuban meal. It is food for the soul".
—Romelio Hernández

"I would ask my friends in Miami to FedEx bags of fried green plantain chips, and when one of them came to visit, the can of *cascos de guayaba* (guava shells in heavy syrup) she brought me as a gift triggered the metal detector at the airport!"

But it was when she visited Miami that Josefa truly understood the intense emotional power that food can have over an exile:

"I was at a friend's house, and there was a pot with the remains of a *natilla* she had made especially

"LO QUE MÁS EXTRAÑABA eran los pastelitos de guayaba", recuerda Josefa Ramos, una habanera que dejó el cálido sol de Cuba por el clima helado de Toronto, Canadá, antes de mudarse a Miami, en 1993. Los deliciosos pastelitos rellenos de mermelada de guayaba, lo mismo que otras golosinas que recordaba de su niñez, eran motivo

"Nada me regresa a mi país como la auténtica comida cubana. Es un alimento para el alma".
—Romelio Hernández

de una profunda añoranza, que muchas veces llegó a tener resultados, para decirlo en buen cubano, "¡de película!".

"Yo le pedía a mis amigos de Miami que me mandaran bolsas de mariquitas de plátano por FedEx, y cuando una amiga fue a visitarme, la lata de cascos de guayaba que me llevaba de regalo, disparó el detector de metales del aeropuerto".

Pero fue cuando visitó Miami por primera vez que Josefa comprendió el intenso poder emocional que la comida puede llegar a ejercer sobre un exiliado:

"Estaba de visita en casa de unos amigos y en la

*Objects of desire: Cubans adore their **pastelitos de guayaba** (guava pastries). They also love beef, coconut, cheese, and guava and cream cheese pastries. These flaky delights are best in the morning, hot from the oven.*

Objetos del deseo: Los cubanos adoran los pastelitos de guayaba. También les encantan los de carne, de coco, de queso y de guayaba-y-queso crema. Estas delicias de fino hojaldre son más ricas en la mañana, cuando están acabadas de hornear.

Arroz con Pollo "a la chorrera"

INGREDIENTS

1 whole chicken, quartered

3 oz. olive oil

1 medium onion, chopped

1/2 green pepper, chopped

3 cloves garlic, mashed

1 8 oz. can tomato sauce

4 cups water

1/2 teaspoon ground cumin

1/4 teaspoon powdered yellow food coloring, such as *bijol*

1 bay leaf

2 lb. Valencia rice

1 bottle of beer

1 8 oz. can pimentos

1 8 oz. can green peas

PREPARATION

In a large skillet, brown the chicken in olive oil. After the chicken is golden brown, add the onion, green pepper, garlic, and tomato sauce, and cook until tender. Add the water, cumin, food coloring *(bijol)* and the bay leaf. Cook until chicken is done. Add the Valencia rice to the pot and cook, uncovered. When the water is almost gone, add the beer and cover the pot. Cook over low heat. Before serving, remove the bay leaf and garnish with pimentos and green peas. Serve with fried sweet plantains.

Arroz con Pollo "a la Chorrera"

INGREDIENTES

1 pollo entero, en cuartos

3 oz. de aceite de oliva

1 cebolla mediana, picadita

1/2 ají verde, picadito

3 dientes de ajo, machacados

1 lata de 8 onzas de puré de tomate

1/2 cucharadita de comino molido

1/4 cucharadita de bijol

1 hoja de laurel

2 lbs. de arroz "Valencia"

1 cerveza

1 lata de 8 onzas de pimientos morrones

1 lata de 8 onzas de petit pois

PREPARACIÓN

En una sartén grande, dore el pollo en tres onzas de aceite de oliva. Una vez que el pollo esté bien doradito, añada la cebolla, el ají verde, el ajo y el puré de tomate. Agregue 4 tazas de agua, comino, bijol y la hoja de laurel. Cocine hasta que el pollo esté cocido. Incorpore el arroz "Valencia" a la cazuela y cocine, sin tapar la olla. Cuando el agua comience a desaparecer, agregue la cerveza y tape la olla. Cocine a fuego lento. Antes de servir el arroz, adórnelo con los pimientos morrones y los petit pois. Sírvalo con plátanos maduros fritos.

for me." The fragrant eggy aroma, mixed with the smell of cinnamon sprinkled on top of this creamy custard flooded her with memories. "Suddenly it was a sunny Sunday afternoon and I was at my grandmother's house in San Antonio de los Baños. For an instant I was 'back,' carefree and filled with a warmth and a sense of safety—a pure, simple happiness—I had not felt in many, many years."

This, of course, is not unique to Cuban exiles; most immigrants long for the flavors of their native lands—the food they took from grandmothers' hands; the sweet treats munched in schoolyards with friends. But it points up why even second- and third-generation Cuban Americans who have never set foot on Cuban soil are so fond of their *arroz con pollo* and *flan de coco.*

"The aromas, textures, colors, and flavors evoke powerful memories associated with loved ones and are emotionally tied to one's childhood," explains Dr. Juan Clark, professor of social science at Miami-Dade Community College. "When a Cuban goes to La Carreta restaurant and orders a Cuban sandwich, it is more than just eating; on a very real level, that person is staying connected to his roots." For exiles, every dish from the "old country," particularly those enjoyed in childhood, is comfort food.

A Culinary Hybrid

The origins of Cuban cuisine are rooted in the country's *mestizaje:* the mix of Spaniards, Africans,

cocina había una cazuela con la raspa de una natilla que habían preparado especialmente para mí". El fragante aroma de los ingredientes de la natilla (huevo, canela, extracto de vainilla. . .) la inundaron de recuerdos, transportándola en el tiempo. "De pronto era una tarde de domingo y estaba en casa de mi abuela, en San Antonio de los Baños. Por un instante, me sentí allá, alegre y sin preocupaciones, llena de paz y con una sensación de seguridad que no había sentido en muchos, muchos años".

Esto, por supuesto, no es un fenómeno único de los cubanos en el exilio; la mayoría de los inmigrantes viven añorando los sabores típicos de su tierra: la comida que recibieron de manos de su "abue", esas dulces "chucherías" compartidas con los amigos en el patio escolar. Esto explica por qué los cubanoamericanos de la segunda y hasta de la tercera generación, que jamás han pisado suelo cubano, adoran el arroz con pollo y no saben vivir sin su flan de coco.

"Los aromas, las texturas, los colores y los sabores evocan poderosos recuerdos, asociados con nuestros seres queridos, que están ligados emocionalmente a nuestra niñez", explica el Dr. Juan Clark, profesor de Ciencias Sociales del Miami Dade Community College. "Cuando un cubano va al restaurante 'La Carreta' y pide un 'sandwich cubano', está haciendo algo que es mucho más que comer; de una forma muy realista, esa persona se mantiene conectada con sus raíces".

Una deliciosa mezcla

Los orígenes de la cocina cubana están arraigados en el mestizaje que es característico de la isla: la mezcla de

and to a lesser extent, Chinese, who populated the island. The Spanish brought their stewlike soups, heavy with beans and potatoes, and the African slaves their *fufú de plátano* (mashed green plantains with garlic). The Chinese who cooked in the haciendas of white plantation owners adapted their cuisine to their masters' taste, creating *arroz frito* (fried rice), a culinary hybrid of two cultures. The proliferation of Cuban-Chinese restaurants such as La Chinita Linda and Asia de Cuba in places like New York and Los Angeles is a testament to the endurance of this flavorful mix.

Since the country's natives—the Tainos and Siboneys—were decimated by the Spaniards, few of their dishes remain today. One that does is the corn-based tamal and another is the *ajiaco,* a vegetable broth to which the conquistadors added meat and which the Africans enriched with plantain and *calabaza* (pumpkin). *Malanga* and *ñame,* thick underground roots like the potato, were brought from Africa by slaves and became a staple of Cuban cuisine (pureed *malanga,* for example, is to Cubans what chicken soup is for other cultures: comfort food for the sick, as well as a baby's first meal). The result of all this cultural intermingling in the

españoles, africanos y, en menor grado, de chinos, que poblaron el país y contribuyeron a crear la sabrosa sazón nacional. Los españoles llevaron a Cuba sus espesos potajes, cargados de legumbres y de papas; los esclavos africanos, su original "fufú" de plátano. Por su parte, los chinos, que cocinaban en las haciendas de los dueños de las plantaciones, adaptaron sus recetas al gusto de los patronos, convirtiendo el arroz frito en un híbrido culinario de dos culturas. La proliferación de restaurantes chino-cubanos, como "La Chinita linda", en Nueva York, y "Asia de Cuba", en Los Angeles, demuestra la permanencia de esta deliciosa mezcla.

Los aborígenes de la isla, los indios taínos y los siboneyes, fueron diezmados por los conquistadores europeos, por lo que muy pocos de sus platos perduran hoy; uno de estos es el tamal en su hoja, y el otro, es el ajiaco, ese espeso caldo de viandas al que los españoles le añadieron carne y los esclavos africanos, plátano y calabaza. La malanga y el ñame, también oriundos de Africa, se convirtieron en elementos clave de la cocina nacional, al punto de que el puré de malanga es para los cubanos lo que la sopa de pollo es para el pueblo judío: un "cúralo-todo" para los enfermos y el primer alimento para los bebés.

El resultado de esta interacción cultural en la cocina

To make fried sweet plantains,
simply cut a ripe plantain in half-inch-thick diagonal slices and
fry them in vegetable oil until they are a deep golden color.

Para hacer plátanos maduros fritos,
corte un plátano maduro en lazcas diagonales de media pulgada de grosor,
y fríalas en aceite vegetal hasta que estén bien doradas.

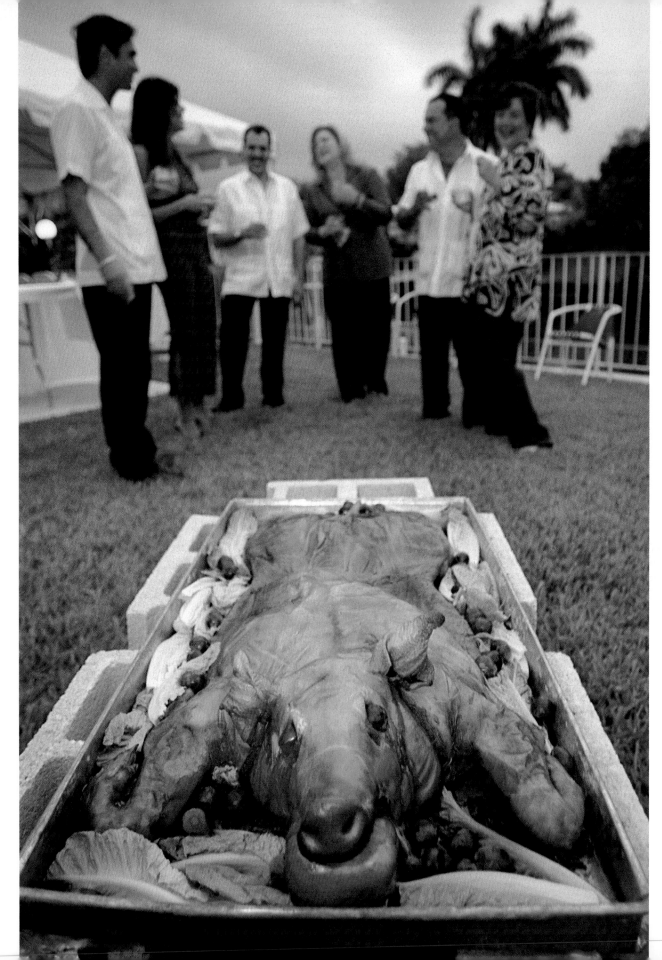

Any event is an occasion for celebration! This housewarming party at the Coral Gables home of Iván and Raquel Rodríguez calls for a banquet: roast pork, congrí, fried sweet plantains, and after dinner, conversation; the happy sounds of percussion-heavy Afro-Cuban music, and lots of dancing. Far right: Iván and Raquel admire the dessert of buñuelos–fried dough made from yuca, pumpkin, and malanga, shaped like the number eight and served with syrup–with friends Diane Dombrowski and Jacqueline Valdespino.

¡Cualquier evento es una buena ocasión para celebrar! Esta fiesta para inaugurar la casa en Coral Gables de Iván y Raquel Rodríguez es una excelente oportunidad para disfrutar de un banquete que incluye un lechón asado, congrí, plátanos maduros fritos y una buena sobremesa con música afrocubana y mucho baile. Iván y Raquel admiran los buñelos de malanga, calabaza y yuca, bañados en almíbar, con sus amigas Diane Dombrowski y Jacqueline Valdespino.

Cuban Flan

INGREDIENTS

2 cups milk
1 cinnamon stick
1 lemon rind
1/4 teaspoon salt
6 egg yolks

3 egg whites
3/4 cup sugar
1 teaspoon vanilla

PREPARATION

Boil the milk with the cinnamon, the lemon rind, and a dash of salt. After it boils, set aside and let it cool. Lightly beat the yolks and the egg whites together with the sugar and the vanilla. Add the milk, blend together, and strain. Pour it into a deep mold previously coated with caramel (to make caramel, cook 3/4 cup sugar over medium heat, stirring constantly until it liquefies and turns a deep golden color). Place mold in a rack in Dutch oven or steamer and pour boiling water halfway up the mold. Cover oven or steamer and keep water boiling over low heat, about one hour or until firm. Let it cool and refrigerate.

To serve, place mold upside down over a large serving dish and allow flan to unmold into the dish. If there is caramel left in the mold, spoon it out and pour it over the flan.

Flan cubano

INGREDIENTES

2 tazas de leche
1 rama de canela
1 cáscara de limón
1/4 cucharadita de sal
6 yemas de huevo

3 claras de huevo
3/4 taza de azúcar
1 cucharadita de vainilla

PREPARACIÓN

Hierva la leche con la canela, la cáscara de limón y una pizca de sal. Después de hervir, déjela enfriar. Bata suavemente las claras y las yemas con el azúcar y la vainilla. Añada la leche, mezcle bien y cuele. Viértalo en un molde previamente cubierto con caramelo. Para hacer el caramelo, cocine 3/4 de taza de azúcar a fuego mediano, revolviendo constantemente hasta que se disuelva y se torne dorada o color café oscuro. Cocine a baño de María durante una hora o hasta que esté firme. Déjelo enfriar y refrigere. Saque el flan del molde y cúbralo con el caramelo.

kitchen is a flavorful cornucopia enriched by three continents and seasoned by Caribbean *criollos* (Creoles).

A traditional Cuban meal usually goes something like this. There will be a *potaje*—a thick black, red, white, or garbanzo bean soup—served with white rice and accompanied by pork, beef, chicken, or less frequently, fish. Set temptingly on the side will be fried green or sweet plantains, *yuca con mojo* (boiled yuca in hot olive-oil-and-garlic dressing), Cuban bread, and a salad, usually avocado or lettuce and tomato with dressing made from olive oil and vinegar.

The national sweet tooth is a legacy of the Spaniards, who brought their recipes for *flan, natilla* (custard), and *arroz con leche* (rice pudding). The island's abundance of tropical fruit inspired some Creole variations, including *flan de coco* (coconut flan) and guava shells served with cheese. Tradition calls for the meal to end with *un cafecito con espumita*—a small cup of strong black Cuban coffee topped with a heavy foam.

So what is so special about Cuban food?

"The secret is in the *sofrito,* the combination of onions, peppers, herbs, and spices. Cuban cuisine is complex and hard to do, but it is also very colorful and sensual," says Tania Aguet, chef at Havana Harry's, a restaurant in Coral Gables. Havana Harry's caters mostly to an Anglo and young

es una deliciosa cornucopia enriquecida por tres continentes y sazonada por el Caribe.

Para un cubano que se precie de serlo, en su mesa no puede faltar un potaje, ya sea de frijoles negros, de colorados, de garbanzos o de judías, servido con arroz blanco y carne de cerdo, de res, de pollo o, menos frecuentemente, con pescado. Por supuesto, el plato principal debe ser acompañado por plátanos fritos, ya sean maduros o verdes; yuca con mojo, pan cubano y una ensalada de aguacate, o de lechuga y tomate, aderezada con vinagre y aceite de oliva.

El amor por los dulces viene de herencia, pues los españoles llevaron a Cuba deliciosos postres creados en sus conventos y monasterios: flan, natilla, capuchino y arroz con leche, entre otros. Además, la gran variedad de frutas tropicales, que hallaron en la isla, inspiró algunas variaciones muy criollas, como el flan de coco y los cascos de guayaba servidos con queso blanco o queso crema. Por supuesto, todo cubano sabe que el final perfecto para cualquier comida es un cafecito "con espumita".

¿Y cuál es el delicioso secreto de la comida cubana?

"El secreto está en el sofrito, la combinación de cebolla, ajo, ají, condimentos y especias. La cocina cubana es muy trabajosa, pero también es muy colorida y sensual", afirma Tania Aguet, Chef del restaurante "Havana Harry's", de Coral Gables, un sitio frecuentado mayormente por anglosajones y jóvenes cubano-americanos, fanáticos de las interesantes variaciones

The King of the Cuban Sandwich:
Owner Ramón Galindo makes a Cuban
sandwich at Latin American Cafeteria.
This tasty concoction is usually served with
plantain chip and accompanied by an Ironbeer
soft drink or a malta *(malt liquor) beverage.*

*"El Rey del Sandwich Cubano": Ramón
Galindo, el dueño, prepara un sandwich
cubano en la "Latin American Cafeteria".
Este casi siempre se sirve con mariquitas
de plátano y acompañado por un refresco
"Ironbeer" o una malta.*

Cuban American clientele with a taste for Tania's innovative riffs on classic Cuban fare. Her *malanga* soup and *pargo fantasía tropical* (tropical fantasy snapper) are a particular hit with the younger crowd. Yuca in South Beach is another hot spot, both for nouvelle-Cuban cuisine and Hollywood glitz. Its patrons, including many tourists, are drawn by the chance to savor its white rice cakes and *yuca a la julienne*—and by the chance of sitting next to a star like Robert De Niro or Andy Garcia.

Like No Other Place in the World

But for home-style Cuban food—favorites such as roast pork marinated in sour orange juice, *arroz con pollo* (chicken with yellow rice drenched in beer and topped with red pimentos), *ropa vieja* (shredded beef in tomato sauce), *vaca frita* (fried beef with garlic, onions, and olive oil), *camarones enchilados* (shrimp in a spicy tomato sauce), and ham, cheese, and pork sandwiches on crusty Cuban water bread—there is no other place in the world like Little Havana. Not even Havana itself has food like this. Due to Cuba's strict food rationing, a great number of Cubans, like Alberto Uría, who came to the United States five years ago, admit they tasted *flan de coco* and sandwich *cubano* for the first time in Miami.

When Cubans began immigrating to Florida during the '60s, restaurants and coffee counters sprouted all over South West Eighth Street, from tiny neighborhood family affairs to well-loved

que Tania ha creado sobre la base de la comida típica cubana. Su "sopa de malanga" y su "pargo fantasía tropical", por ejemplo, son un éxito entre los más jóvenes.

"Yuca", en South Beach, es otro restaurante de moda, tanto por su "nouvelle-cuisine" cubana como por el brillo que le aportan los artistas de Hollywood. La mayoría de sus clientes son turistas neoyorkinos, que lo visitan tanto para disfrutar de algunas novedades, como las "tortas de arroz blanco" y "yuca a la julienne", como para tener la oportunidad de cenar cerca de celebridades, como Robert De Niro y Andy García.

Como ningún otro lugar en el mundo

Pero para comer "a la cubana" , como se come en casa –con arroz con pollo a la chorrera; ropa vieja; vaca frita, rebosante de ajo y cebolla; camarones enchilados, con mucho picante; y un sandwich cubano "con todos los hierros" (y con jamón salado, como se hacía en la Cuba de ayer)–, no hay otro lugar en el mundo como La Pequeña Habana. Y no hay que aclarar que ni siquiera en La Habana misma se podría comer así. Debido al estricto racionamiento impuesto en la isla, muchos cubanos, como Alberto Uría, que llegó a Estados Unidos en 1996, han probado, por primera vez en sus vidas, el flan de coco y el sadwich cubano en Miami.

Cuando los cubanos comezaron a exiliarse en los años 60, la Calle Ocho empezó a llenarse de restaurantes y cafeterías cubanas, desde fonditas familiares hasta queridas "instituciones" recreadas en el exilio: "La Carreta" (hoy día una exitosa cadena de

Cuban Roast Pork

INGREDIENTS

1 pork shoulder
(4 to 5 lbs.)
8 to 10 cloves garlic

1/2 tablespoon
ground oregano
Juice of 1 sour orange
Salt to taste

PREPARATION

Score the meat in several places and baste with a marinade of the sour orange juice, ground oregano, and salt. Insert garlic cloves into the punctures. Let the meat marinate for 2 to 3 hours. Bake at 350 degrees for approximately 3 hours or until the meat is thoroughly cooked. Enjoy this delicious roast pork with black beans and white rice and a side of fried sweet plantains.

Black Beans

INGREDIENTS

1 lb. black beans
12 cups water
7 tablespoons olive oil
1 large onion, chopped
1 large green pepper,
sliced

6 cloves garlic, mashed
1 bay leaf
Salt and pepper to taste
1/4 teaspoon oregano
1 tablespoon vinegar

PREPARATION

Soak the beans overnight. Cook them in the same water until soft. In a large skillet, heat 6 tablespoons of olive oil and sauté the onion, green pepper, and garlic until golden brown. Add to the pot with the bay leaf, salt, pepper, and oregano. Cook over medium heat until thickened. Add a tablespoon of olive oil and a tablespoon of vinegar. Serve over white rice.

Puerco Asado

INGREDIENTES

1 pierna de cerdo
(de 4 a 5 lbs.)
8 ó 10 dientes de ajo

1/2 cucharada de
orégano molido
Jugo de una naranja agria
Sal a gusto

PREPARACIÓN

Perfore la carne y vierta en las perforaciones el mojo hecho de la naranja agria con el orégano molido y la sal. Inserte también los dientes de ajo y deje que la carne se macere durante 2 ó 3 horas. Hornée la pierna a 350 grados F, durante 3 horas aproximadamente, o hasta que la carne esté completamente cocinada. Como la temperatura de cada horno puede variar, por favor asegúrese de que la carne esté bien cocida antes de servirla. Disfrute este puerco asado acompañado con frijoles negros, arroz blanco y plátanos maduros fritos.

Frijoles negros

INGREDIENTES

1 lb. de frijoles negros
12 tazas de agua
7 cucharadas de aceite
de oliva
1 cebolla grande, picadita
1 ají verde grande,
cortado en lazcas

6 dientes de ajo,
machacados
1/4 cucharadita de
orégano
1 hoja de laurel
1 cucharada de vinagre
Sal y pimienta a gusto

PREPARACIÓN

Ponga los frijoles negros en remojo la noche anterior. Cocínelos en esa agua hasta que estén blandos. En una sartén, sofría la cebolla, el ajo y el ají verde en 6 cucharadas de aceite de oliva. Incorpore este sofrito a los frijoles, con la hoja de laurel, y cocine a fuego lento hasta que el caldo se espese. Antes de servir los frijoles, añádales una cucharada de aceite de oliva y una cucharadita de vinagre. Sírvalos sobre arroz blanco.

institutions recreated in *el exilio*: La Carreta (now a chain of rustic country-style restaurants that even boasts franchises at Miami International Airport), Badías, Versailles, El Pub, Ayestarán, La Zaragozana, and La Esquina de Tejas, which was made famous by a visit from then-president Ronald Reagan. At Pollo Tropical, a Cuban-owned chain of chicken restaurants, a hungry traveler can even drive through for *congrí* (rice with red beans), fried sweet plantains, and mango "chillers."

And yet, as good as these places are, "For a Cuban there is nothing like a home-cooked meal," says Ismael Reynaldo, who believes the secret to the national cuisine is "finding the best, freshest ingredients. For that, I go to the Cuban markets."

Shopping, Cuban Style

A machete—the long, flat knife used by sugarcane cutters—hacks away at a coconut. The blade's staccato rhythm blends perfectly with the music blaring from the stereo speakers—Celia Cruz's deep contralto, calling for *"¡Azúcar!"* Once the top of the coconut comes off, a straw is inserted and handed to José Antonio, a twenty-something medical representative on his lunch break. "I love the rural

restaurantes con dos franquicias en el Aeropuerto Internacional de Miami); "Badías"; "Versailles"; "El Pub"; "Ayestarán"; "La Zaragozana" y "La Esquina de Tejas" (famosa, además, porque Ronald Reagan la visitó durante su presidencia), y decenas más. En "Pollo Tropical", una cadena de restaurantes de dueños cubanos, se puede comprar congrí, plátanos maduros fritos y batidos de mango por la ventanilla de servicio a los clientes que están en sus autos.

Sin embargo, a pesar de la excelente calidad de la comida en estos restaurantes, "para un cubano, no hay nada como la comida hecha en casa", dice Ismael Reynaldo, quien opina que el secreto de la cocina nacional radica en "hallar los mejores y más frescos ingredientes. Y para esto, voy a las bodegas cubanas".

Para comprar "a la cubana"

El ritmo estacato de un machete abriendo un coco es el contrapunto perfecto para la música que brota de las bocinas del equipo de música, en "Rancho Los Cocos": la voz de contralto profunda de Celia Cruz clamando por "¡Azúcaaa!". Una vez abierto el coco, el dependiente inserta un absorbente y se lo entrega a José Antonio, un joven representante de productos médicos, que disfruta de su hora de almuerzo. "Me

Jorge Sánchez, at Casablanca Seafood Market on Watson Island, holds up a key ingredient of paella, *a meat, seafood, and rice dish originally from Spain.*

Jorge Sánchez, del "Casablanca Seafood Market", en Watson Island, muestra uno de los ingredientes clave de la paella, un plato oriundo de España.

atmosphere here. It's like being in the country."

In reality, Rancho Los Cocos market, a huge simulacrum of a *bohío* sits in the middle of busy Coral Way and across the street from an elegant glass-fronted Japanese car dealership.

In Cuba, a place like Los Cocos would be miles from town, nestled among Royal Palm trees and grazing cows. Here, as cars whiz by, Cubans of all ages sip *guarapos* (fresh sugarcane juice served with crushed ice), eat *chicharrones* (pork rinds), and like José Antonio and Ismael Reynaldo, carefully pick and choose among the *malangas,* yucas, mangoes, and pineapples. Yes, they come to places like Los Cocos for the fresh produce and the roast pork. But mostly they come for *el cubaneo:* to socialize with that easy, unaffected, good-humored familiarity that exists among Cubans, even perfect strangers.

It's what Elena Madrigal, now a resident of Cincinnati, Ohio, misses. "In Cincinnati, if I ask the clerk at the supermarket if the fruit is fresh, she'll say, very respectfully, 'Yes, ma'am.' If I ask a Cuban the same question, she'll go on to tell me about her life and her family in Cuba, she'll inquire about mine,

encanta el ambiente rural de aquí. Es como estar en el campo".

En realidad, "Rancho Los Cocos", una especie de bohío de concreto y aluminio, está ubicado en la transitada calle Coral Way, frente por frente a un concesionario de autos japoneses, instalado en un moderno edificio con fachada de cristal. En la Cuba del recuerdo, un sitio como este estaría en el campo, entre palmas reales y rodeado de vacas pastando. Pero aquí, mientras los autos ruedan a toda velocidad, los cubanos de todas las edades toman guarapo, comen chicharrones de cerdo y, como José Antonio e Ismael Reynaldo, escogen cuidadosamente las malangas, las yucas, los mangos y las piñas. Sí, ellos visitan sitios como "Los Cocos" por las viandas, las frutas y el lechón asado. Pero más que nada, lo hacen por "el cubaneo": esa familiaridad instantánea, cordial y sin pretensiones, que se da tan fácil entre los cubanos, aún cuando acaban de conocerse.

Es lo que Elena Madrigal, residente en Cincinatti, Ohio, extraña de Miami: "En Cincinatti, si le pregunto a la empleada del supermercado si la fruta está fresca, ella me dice 'Sí, señora', con mucho respeto. Pero si le hago la misma pregunta a una cubana, me cuenta su vida y milagros, me habla de su familia en Cuba, me

Chilled coconut juice, as fresh as can be: straight from the fruit.
Vendor Francisco Hernández uses a machete to open a coconut.

Agua de coco muy fría, lista para tomarla directamente de la fruta.
Francisco Hernández usa un machete para abrir un coco.

and the next time we see each other, it will be as if we were old friends."

Cooking *a la cubana* in Cincinnati is not easy; Elena drives to the ethnic market forty-five minutes away to buy the few Cuban products available. "But if I don't eat real Cuban food, I feel as if I didn't eat at all." Elena immigrated to Miami from Cuba in 1980, then moved to Cincinnati for professional reasons. When she lived in Miami, she used to long for a glimpse of the ocean-blue Cuban sky, she says. Now she longs for Miami's. "I feel as if I have been exiled twice." Snow may be falling outside her window, but inside, Elena's kitchen fills up with the smell of onions, garlic, and green peppers frying in hot olive oil, the warm aromas of Cuban home cooking.

pregunta por la mía y, la próxima vez que nos vemos, es como si fuéramos viejas amigas".

Cocinar "a la cubana" en Cincinatti, la llamada ciudad "toda americana", no es fácil. Para llegar al mercado étnico y comprar los pocos productos cubanos disponibles, Elena debe manejar durante 45 minutos, muchas veces en medio de una fuerte nevada. "Pero si no como comida cubana 'de verdad', es como si no hubiera comido". Elena emigró a Miami en 1980 y, por motivos profesionales, fue a radicar en Cincinatti. Antes, añoraba el cielo azul de Cuba, dice. Ahora, sueña con el de Miami. "Me siento exiliada dos veces". Afuera, puede caer la nieve, pero adentro, todos los días, su cocina se llena con el olor de la cebolla, el ajo y los pimientos verdes dorándose en el aceite caliente: los cálidos aromas de la cocina cubana.

At busy La Rosa Bakery in Little Havana, customers start lining up early in the morning for Cuban bread.
Clockwise from top: Michael Pavón carries a tray of just-baked caracoles; *Damarys Fusté sells a* flauta *of Cuban bread;*
a delicious fruit creation; Osvaldo Mayoral (in striped shirt), one of the Mayoral brothers who own the bakery,
decorates a cake. Inset: Mercedes Mayoral pitches in to prepare a box of pastelitos *(pastries).*

En "La Rosa Bakery", en La Pequeña Habana, los clientes comienzan a llegar desde temprano. Arriba, en el sentido del reloj:
Michael Pavón lleva una bandeja de "caracoles" frescos; Damarys Fusté vende una flauta de pan cubano; una deliciosa torta de frutas;
Osvaldo Mayoral (con la camisa a rayas), uno de los hermanos Mayoral que son dueños de la panadería, decora un "cake".
Arriba: Mercedes Mayoral prepara una cajita de pastelitos.

"Mi amor, let us make boliche asado con papas."

Oria Zacarías is a roly-poly Cuban *abuela* with a warm, infectious laugh and a potful of stories. She sits with a visitor in her sunny, spotless kitchen in South West Miami, surrounded by tiny ceramic replicas of colonial-era Cuban houses—gifts friends have brought from the old country—and baskets brimming with garlic and tomatoes. First she makes sure her visitor is comfortable and enjoying her homemade *trigo* (wheat) milk shake. Then she gets down to work making a succulent beef dish with gravy and potatoes.

"Here's what we need: 4 pounds *boliche* (eye round beef), 1 large onion, 1 bay leaf, 1 sour orange, 2 ounces dry cooking wine, 1/8 teaspoon pepper, a pinch of salt, a pinch of oregano, a pinch of Spanish ground red pepper, 1 teaspoon vegetable oil, 1 whole garlic bulb, mashed. Some people use garlic powder; I prefer fresh garlic that I mash myself. I never use processed or frozen ingredients! I cook like an old *guajira* (peasant woman)," she says laughing.

Oria came to the United States in 1965, when she was twenty-nine years old. "My husband and I came with our five kids, to work in a factory. It was very, very hard," she says. "I missed my parents so! At that time it was very difficult for families to be reunited, so I often thought I'd never see them again."

Oria takes the beef out of the refrigerator, where

"Mi amor, vamos a hacer boliche asado con papas".

Oria Zacarías es una típica abuela cubana, "llenita" y alegre, con una risa cálida y contagiosa y un sinfin de cuentos y recuerdos. Oria se sienta con su visita en la soleada e inmaculada cocina de su casa, en el suroeste de Miami, rodeada de pequeñas réplicas de casitas cubanas coloniales, regalos que sus amigos le han traído de Cuba, y cestas repletas de ajo y tomates. Primero, ella se asegura de que su invitada está cómoda y disfrutando de su batido de trigo, hecho en casa. Acto seguido, comienza a preparar un suculento plato a base de carne y papas.

"Esto es lo que necesitamos: 4 libras de boliche, 1 cebolla grande, 1 hoja de laurel, 1 naranja agria, 2 onzas de vino seco, 1/8 de cucharadita de pimienta, 1 pizca de sal, 1 pizca de orégano, 1 pizca de pimentón, 1 cucharadita de aceite vegetal, 1 ajo machacado.

"Hay gente que usa ajo en polvo, pero yo prefiero usar ajo fresco, que yo misma trituro. Nunca uso ingredientes congelados o procesados. Yo cocino como una guajira vieja", confiesa riendo. Oria arribó a los Estados Unidos en 1965, a los 29 años de edad. "Mi esposo y yo vinimos con cinco niños, y tuvimos que trabajar en una factoría. Fue muy, muy duro para nosotros", afirma. "¡Yo extrañaba tanto a mis padres! En esa época era difícil para las familias reunirse aquí, y muchas veces pensé que ya no iba a volver a verlos jamás". Mientras conversaba, Oria sacó la carne del refrigerador, donde se había estado marinando desde la noche anterior. Antes de adobarla, ella la perforó

Cuban Exports

Once considered exotic, Cuban name-brand products are now as common as apple pie in South Florida and other regions with a large Cuban population. They can be purchased in Anglo supermarket chains as well as in Cuban-owned chains like Varadero and Sedano's. No longer limited to world-famous Bacardi rum, the list includes: Hatuey beer, Materva and Jupiña soft drinks, Gilda crackers, Pilón coffee, Nela condensed milk, Conchita desserts such as guava shells and papaya chunks in heavy syrup, and Kirby beans. There is also an ample selection of frozen ready-to-eat products, from tamales and fried sweet plantains to *buñuelos* and croquettes. How do these products rate as compared to "the real thing"? Havana Harry's Tania Aguet finds them "surprisingly good. I eat some of them myself. Of course, home-cooked is always the best."

Productos cubanos

Aunque en una época eran considerados exóticos, actualmente los productos de marcas cubanas son muy comunes en Miami y otras regiones de los Estados Unidos, donde residen un gran número de cubanos, como Union City, en New Jersey. Estos productos no sólo están a la venta en los supermercados anglosajones, sino también en las cadenas de supermercados cubanos como "Varadero" y "Sedano's". La lista, que ya no se limita al mundialmente famoso ron "Bacardí", incluye: la cerveza "Hatuey"; los refrescos "Materva" y "Jupiña"; las galletas "Gilda"; el café "Pilón"; la leche condensada "Nela"; los postres "Conchita", como cascos de guayaba y trozos de papaya en almíbar; y los frijoles "Kirby". También, hay una amplia selección de productos congelados y listos para comer, desde tamales y plátanos fritos, hasta buñuelos y croquetas.

Y ¿cómo se comparan estos productos con la comida cubana hecha en casa? Tania Aguet, de "Havana Harry's", los halla "sorprendentemente buenos. Yo como muchos de ellos. Por supuesto, la comida hecha en casa siempre es mejor".

There is a vast selection of Cuban name-brand products available in bodegas and supermarkets.

En las bodegas y los supermercados hay una amplia selección de marcas de productos cubanos.

it has marinated for several hours. The night before, she punctured the meat with several deep holes, into which she poured the *sazón*—a marinade of the sour orange juice, salt, pepper, mashed garlic, and oregano. "The secret to Cuban food is enough seasoning," she says. "Then I heat the vegetable oil— I love lard, but it is very hard to get here—and brown the meat to a deep, dark, golden color."

Slowly the kitchen starts filling with irresistible aromas. "This is my granddaughter Rebeca's favorite recipe. She can't stand pizza or hamburger for dinner; she likes her *abuela's* food." Oria adds water to the pot, enough to cover the meat. "Now I add the cooking wine, the onion and the bay leaf, and I let it cook in medium heat until it is tender."

While Oria waits for the meat to cook, she goes back to her memories. "Cubans don't like to eat alone. We like a big table full of kids and talk and love, so on the weekends we would get together with family and friends; after dinner, the women would play cards and the men would play dominoes. For Nochebuena I always make *buñuelos* (fried dough made with *malanga* and yuca, shaped like the number eight, and smothered in heavy syrup). This year I couldn't knead the dough because of my arthritis, so I had my daughter Maria do it for me."

varias veces con un tenedor y vertió en los hoyitos la mezcla del jugo de la naranja agria con la sal, la pimienta, el ajo machacado y el orégano. "El secreto de la cocina cubana es usar bastante sazón", susurra. "Entonces caliento el aceite vegetal (me gusta usar manteca, pero aquí es difícil conseguirla) y doro bien la carne", lo que hace mientras habla.

Poco a poco, la cocina comienza a inundarse de aromas irresistibles… "Esta es la receta favorita de mi nieta Rebeca. Ella no soporta la pizza o la hamburguesa; le gusta la comida de su abuela". Rebeca, que tiene 22 años y estudia para maestra, nunca ha visitado Cuba. Pero es, dice Oria con orgullo, "más cubana que yo". Y ¿cómo es eso posible? "Nosotros mantuvimos vivas nuestras tradiciones. A nuestros hijos no les permitimos hablar inglés en la casa; sólo español", cuenta mientras vierte agua en la olla, suficiente para cubrir la carne. "Ahora añado el vino seco, la cebolla y la hoja de laurel y dejo cocinando a fuego mediano hasta que la carne se ablande".

Mientras espera, Oria vuelve a sus recuerdos. "A los cubanos no nos gusta comer solos. Nos gusta servir una mesa grande, llena de niños y bulla y amor; así que, según iba llegando la familia, los fines de semana empezamos a reunirnos con los amigos; después de comer, las mujeres jugaban barajas y los hombres, dominó. Yo siempre hago buñuelos para

Oria Zacarías is in the midst of making a delicious Cuban beef dish. She attends to the rice while letting the meat absorb its own juices.

Oria Zacarías se prepara para cocinar un delicioso boliche asado con papas. Oria atiende el arroz mientras espera que la carne absorba su propio jugo.

Once the meat is tender, Oria cuts it into thick one-inch slices. "Then I peel several potatoes and place them at the bottom of the pot; I put the meat on top of the potatoes, add more cooking wine, a dash of Spanish ground red pepper, and cover the pot to allow the potatoes to absorb the meat's gravy. I let it take its time; I don't rush the cooking with pressure cookers and such." She serves this *boliche asado con papas* with rice and fried sweet plantains.

When the food is ready, Oria beams proudly over her creation. "My family loves this. When other kids ask my grandchildren, 'Do you eat like this every day?' they say, 'Yes, because my grandmother taught us to eat *a la cubana.*' " And then she smiles, sweet as guava jelly.

Nochebuena. Este año no pude preparar la masa por culpa de la artritis, pero mi hija María la hizo por mí".

Una vez que la carne está blandita, Oria la corta en rodajas de aproximadamente una pulgada de grosor. "Entonces, pelo varias papas, las corto en lazcas y las coloco en el fondo de la cazuela. Pongo las lazcas de carne encima de las papas, agrego un poco más de vino seco, una pizca de pimentón y tapo la cazuela para dejar que las papas absorban el juguito de la carne. Y dejo todo ahí para que se cocine bien, a su tiempo. No me gusta apurar el proceso con ollas de presión".

Ella sirve este boliche asado con papas acompañado de arroz blanco y de plátanos maduros fritos. Una vez lista la comida, Oria la muestra con orgullo. "A mi familia le encanta. Cuando otros niños les preguntan a mis nietos '¿Ustedes comen así todos los días?', ellos responden 'Sí, porque mi abuela nos enseñó a comer a la cubana", dice con una sonrisa dulce como la mermelada de guayaba.

Oria's grandchildren love to eat *a la cubana, with a succulent beef dish with potatoes, fried sweet plantains,* congrí *(rice with red beans), and a salad. According to Oria, who moved to the United States when she was twenty-nine years old, she still cooks "like a* **guajira***" (a peasant woman).*

A los nietos de Oria les encanta comer "a la cubana", con un suculento boliche asado con papas, plátanos maduros fritos, congrí y ensalada. Según Oria, quien se exilió en los Estados Unidos cuando tenía 29 años de edad, ella todavía cocina "como una guajira".

Music, Literature, and the Arts

Música, Literatura y Artes Plásticas

PERHAPS IT IS THE RUSTLING of the palm leaves swaying in the wind, or the sound of the waves pounding against the old Malecón. Some say it is the tropical rain falling on the rooftops, while those more romantically inclined point to the *chancleteo*—the rapid clickety-clack sound made by the wooden-soled sandals of the *mulatas* as they walk. But the island of Cuba, they claim, is a musical instrument, plucking sounds and rhythms from nature itself. Cuba is, after all, the home of legendary composers like Teodora Gines ("La Ma Teodora"), Gumersindo ("Sindo") Garay, Ernesto Lecuona, Gonzalo Roig, Amadeo Roldán, and Joseíto Fernández. It is the birthplace of the mambo, rumba, guaguancó, conga, cha-cha, bolero, son, danzón, guaracha, guajira, zapateo, and

"I'll never forget the emotion I felt when I heard my small daughters sing 'Tabaco verde...' I knew then that our music would never die."
—Willy Chirino

QUIZÁS ES EL MURMULLO de las palmas meciéndose en el viento o... quizás es el sonido que hacen las olas al chocar contra el viejo Malecón. Unos dicen que es el ruido de la lluvia sobre los tejados de zinc, y otros, más románticos, lo achacan al "chancleteo", esa música típica que hacen las chancletas de palo de las mulatas al caminar. Pero sea cual sea la causa, todos aseguran que la isla de Cuba es un instrumento musical capaz de extraer ritmos y sonidos de la naturaleza misma.

Después de todo, en Cuba han surgido compositores legendarios como La Ma Teodora, Sindo Garay, María Teresa Vera, Ernesto Lecuona, Gonzalo Roig, Amadeo Roldán y Joseíto Fernández... Y esta nación es la cuna del mambo, de la rumba, del guaguancó, de la conga, del cha-cha-cha, del bolero,

"Nunca olvidaré la emoción que sentí cuando oí a mis hijitas cantar 'Tabaco verde'... Me di cuenta de que nuestra música nunca morirá".
—Willy Chirino

"¡Azúcar!" Legendary Cuban singer Celia Cruz left Cuba in 1960. She continued to record the music of her homeland, taking it all over the world and keeping it alive until it was rediscovered by the younger generation of Cuban Americans.

"¡Azúcar!". La legendaria cantante cubana Celia Cruz dejó Cuba en el año 1960. Ella siguió grabando la música de su tierra y llevándola, muy en alto, por todo el mundo. La nueva generación de jóvenes cubanoamericanos la redescubrió y hoy esa música sigue siendo tan popular como ayer.

habanera. As Antonio Carbajo wrote in the introduction to his 1969 "Cancionero cubano" (Cuban Songbook), this small Caribbean island "has a musical importance that is not proportionate to its size."

In fact, Cuba's musical influence extends so far and wide that the *habanera,* a ballroom dance of Creole origin dating from the 19th century, inspired the Argentinian tango and many Puerto Rican dances. Some Cuban riffs even found their way into the jazz of New Orleans. In reality, most of what people today call salsa has its roots in Afro-Cuban rhythms, which combined the beautiful guitar and viola music of Spain with drums and bongo-heavy African sounds.

During the 1950s, Havana was exploding with musical talent. La Lupe's raw, anguished voice and dramatic stage antics, tearing at her clothes and clawing at the piano player, made her a favorite of the lovelorn (and a precursor of drama divas like Tina Turner and Madonna). Olga Guillot's and Blanca Rosa Gil's heartbreaking boleros topped the charts, and the macho *bárbaros del ritmo* (barbarians of rhythm) like Beny Moré, Chapotín, and La Sonora Matancera were loved by audiences abroad and adored at home.

"I *was* a prophet in my own homeland," says Guillot, one of the first musicians to leave after

del son, del danzón, de la guaracha, de la guajira, del zapateo y de la habanera. Como escribió Antonio Carbajo en la introducción de su "Cancionero cubano", esta islita del Caribe tiene una importancia musical "que no guarda proporción alguna con su tamaño". Es más, la influencia de la música cubana se ha extendido de tal manera a lo largo y ancho del mundo, que la habanera, un baile de salón de origen criollo, originario del siglo XIX, inspiró el tango argentino y las danzas puertorriqueñas, y ciertos elementos de la música cubana también fueron incorporados al jazz de Nueva Orleans. En realidad y para ser justos, lo que hoy día se conoce como "salsa", tiene sus raíces en los ritmos afrocubanos, que son el resultado de la mezcla racial y cultural del país y, consecuentemente, de la combinación de la música de la guitarra y de la vihuela, provenientes de España, con los tambores y bongoes africanos.

Durante la década de los años 50 La Habana precastrista era una fuente inagotable de talento musical. La voz quebrada de "La Lupe", cargada de un dolor primitivo y arrasador, unida a sus "arranques" sobre el escenario, que iban desde rasgarse la ropa hasta golpear al director de la orquesta, la convirtieron en un ídolo de los "corazones partíos" y en una precursora de las divas del drama, como Tina Turner y Madonna. Los románticos boleros de Olga Guillot y Blanca Rosa

Olga Guillot left Cuba in 1961, and in 1964 was the first Latin artist to perform at New York City's Carnegie Hall. Cubans adore her sense of drama, her powerful, heartbreaking renditions of classic boleros, and her passionate, everlasting love for Cuba.

Olga Guillot dejó Cuba en el año 1961 y en 1964 se convirtió en la primera artista latina que actuó en el Carnegie Hall de Nueva York. Los cubanos adoran su sentido del drama, sus estremecedoras interpretaciones de los boleros clásicos y su pasión inmortal por Cuba.

Castro's takeover of the island. "Cubans love music because it is not something outside of ourselves; we carry it in our blood."

"Cuando salí de Cuba"

During the '60s, recently exiled Cubans, having left their rich musical heritage behind on the island, were starved for the sounds of home. At the time, Miami had two Spanish-language AM radio stations: La Cubanísima and La Fabulosa. They played a mix of contemporary ballads, mostly from Mexico, Argentina, and Spain, and nostalgic favorites that lamented the loss of the homeland, like "Cuando salí de Cuba" (When I Left Cuba) and "He perdido una perla" (I have lost a pearl). Small record labels recorded or reissued old favorites, and these cherished long-playing albums were sold in bodegas and tiny Cuban-owned record stores.

Back then, South Florida had no significant venues for presenting live music, so few exiled singers took up residence in Miami; they opted, instead, for the greener musical pastures of Mexico and Spain. Those who stayed—Olga y Tony, Roberto Ledesma, and Rolando LaSerie, among others—only performed occasionally, usually in small rooms. Their audience was a grateful, if meager, group of white-collar professionals, who were working in

Gil ocupaban los primeros lugares en las listas de popularidad, y "bárbaros del ritmo" como Beny Moré, "Chapotín", y "La Sonora Matancera", eran admirados en el extranjero y adorados en su país.

"Yo sí fui profeta en mi tierra", dice Olga Guillot, una de las primeras artistas que dejó el país con la llegada de Castro. "Los cubanos amamos la música, porque la llevamos por dentro", declara con energía.

"Cuando salí de Cuba"

Durante la década de los 60, los cubanos recién exiliados, que dejaron ese inmenso tesoro musical en la isla, estaban ávidos por escuchar la música de su tierra. En aquella época, Miami tenía dos emisoras de radio en español: WQBA, "La Cubanísima", y WFAB, "La Fabulosa". Estas pequeñas estaciones difundían una mezcla de baladas modernas, provenientes mayormente de México, España y Argentina, y temas nostálgicos dedicados a Cuba, como "Cuando salí de Cuba", y "He perdido una perla".

Para saciar un poco el hambre musical del exilio, pequeñas firmas discográficas grababan o reeditaban canciones favoritas del ayer. Estos preciados álbumes "long playing", como se les conocía entonces, estaban a la venta en bodegas y en tiendas de discos de La Pequeña Habana.

En aquel entonces, en el sur de la Florida no había

The conga line starts here! Celebrants wear typical Cuban **guano** *hats and shake maracas at the Florida Highway Patrol and City of Miami Police annual party for the senior residents of Little Havana.*

¡Aquí empieza la conga! Los participantes llevan los típicos sombreros de guano y mueven sus maracas en la fiesta anual de La Patrulla de las Carreteras de la Florida y La Policía de la Ciudad de Miami para los residentes de La Pequeña Habana.

A raucous conga line forms at Cuba Nostalgia amid a sea of flags, maracas,
and sombreros de guano (woven straw hats). Music and dance are an intrinsic part of Cuban life.
"We are music," says singer Albita. "It's in us—in the way we talk, gesticulate, move, and walk."
Far right: In the very center of the action, actor and impersonator Armando Roblán holds
a decorative farola, a typical element of Cuban parades and carnivals.

Una alegre conga se forma en Cuba Nostalgia, entre un mar de banderas, maracas y
sombreros de guano. La música y el baile son parte intrínseca de la cultura cubana.
"Nosotros somos música", dijo la cantante Albita en una ocasión.
"La llevamos en la forma en que hablamos, nos movemos y caminamos".
En el centro mismo de la acción, el famoso comediante y caricaturista Armando Roblán lleva
una farola, elemento decorativo típico de las comparsas y los carnavales cubanos.

factories and could barely manage to scrape together the few dollars for the price of admission.

And then something wonderful happened.

Prelude to a Conga

Although still on shaky financial ground, by the late '60s and '70s a growing number of Cuban exiles could finally afford to buy a few more record albums, go to the occasional concert by Spanish idols Julio Iglesias and Raphael, and—perhaps most important for those who were musically inclined—they could now buy musical instruments.

Slowly but surely, a musical rebirth started taking place. Young Cuban musicians, no doubt inspired by the thriving American rock scene and influenced by the music heard in their parents' homes, formed groups all over the place. Some of the more successful bands were The Antiques, The Judge's Nephews, and Willy Chirino and the Windjammers, a popular group that played mostly in hotels and beach resorts.

There was also a little garage band that played *quince* parties. One day, Gloria, a shy, dark-eyed vocalist, asked her mother for permission to play in the band that "Emilito," its founder, called Miami Latin Boys. "I didn't think we'd do much more than play *quince* parties," Gloria Estefan has said. At the

muchas oportunidades para los músicos y cantantes que dejaban la isla. Por esta razón, pocos optaron por residir permanentemente en Miami, eligiendo en su lugar los "verdes pastos" musicales de México, Puerto Rico y España. Aquéllos que se quedaron en "la Capital del Exilio", como el dúo del matrimonio Olga y Tony, Roberto Ledesma y Rolando LaSerie, entre otros, actuaban esporádicamente, casi siempre en salitas teatrales, y para un agradecido público compuesto, en su mayoría, por profesionales que entonces se veían obligados a trabajar en factorías, y a duras penas lograban reunir el dinero para el boleto de entrada. Pero entonces sucedió algo maravilloso...

Preludio a una conga

Aunque en su mayoría aún no habían salido totalmente del bache económico en el que los sumió el exilio, ya para finales de los años 60 y de los 70 un número significativo de exiliados cubanos podían darse el pequeño lujo de comprar más discos de sus cantantes favoritos y asistir a algún concierto de ídolos como Raphael y Julio Iglesias.

Los jóvenes músicos cubanoamericanos, sin duda inspirados por la fuerza del "rock" estadounidense e influidos por la música que escuchaban en casa de sus padres, comenzaron a dar sus primeros pasos. Entre las bandas más populares de la época se encontraban

The art of the **punto guajiro**, *the traditional music from the Cuban countryside, resides in improvising the lyrics.*
Singers usually challenge one another, as each tries to come up with the cleverest or most poetic rhymes.

El arte del punto guajiro, la música tradicional de la campiña cubana, radica en la improvisación.
Los cantantes a menudo se retan el uno al otro para ver cuál de ellos crea las décimas más simpáticas o poéticas.

time a student of psychology at the University of Miami, Gloria would have been happy to enjoy this musical lark for as long as it lasted. But then, just a few years later, "Conga" exploded on the music scene, and Cuban exile music was never the same.

"Gloria and Emilio Estefan put a face on Cuban music," says Rey Sánchez, associate professor of music at Miami-Dade Community College. And it was an exciting, attractive young face. "All of a sudden, it was cool to listen to these 'old' sounds."

Today, Cuban exile music is known, loved, performed, and recorded around the world. And yet, some experts believe that the best place to listen to authentic Cuban music, barring Cuba itself, is not in Miami, but in countries in South America, like Venezuela and Colombia, where local bands and guest musicians play pure unadulterated Cuban sounds.

"Music is always in a state of flux and evolution, and in Miami, Cuban music has evolved and been highly influenced by techno, hip-hop, and

"The Antiques", "Clouds", "Los sobrinos del juez", y Willy Chirino y los "Windjammers', un grupo que tocaba mayormente en hoteles y clubes de la paya.

En aquellos años también despuntaba una pequeña banda que interpretaba en fiestas de quince y que Emilito, su fundador, llamaba "Miami Latin Boys". Pocos años después, "Conga" irrumpió con fuerza en el panorama musical y la música cubana en el exilio jamás volvió a ser la misma.

"Gloria y Emilio Estefan le dieron un rostro a la música cubana", afirma Rey Sánchez, Profesor Asociado de Música, de Miami-Dade Community College. Y se trataba de un rostro excitante, atractivo y joven. "De pronto, se puso de moda escuchar estos viejos sonidos".

Hoy, la música cubana en el exilio disfruta de gran popularidad no sólo en los Estados Unidos y los países de la América Latina, sino también en el mundo entero. Lo irónico es que, según algunos expertos, el mejor lugar para escuchar auténtica música cubana –con la excepción de Cuba– no es Miami, la ciudad que la revivió con amor, sino

Albita keeps traditional Cuban music alive. Today, the singer has changed her look from unisex to **guajira** *and often performs wielding a machete and wearing* **chancletas de palo** *(wooden-soled sandals).*

Albita mantiene viva la auténtica música cubana. Hoy dejó atrás su imagen andrógina y a menudo actúa con un machete y con las típicas chancletas de palo.

Singer Jon Secada made a perfect "crossover" into the English market, where he amassed several hits, yet still sings in Spanish for his loyal base of Cuban fans.

El cantante Jon Secada alcanzó el éxito en el mercado anglosajón, pero él continúa cantando en español para sus fanáticos cubanos y latinos.

electronica," explains Rey Sánchez. In his opinion, "besides Albita," the deep-voiced singer who uses a machete and *chancletas de palo* (wooden sandals) as part of her act, "there is no one making 'pure' Cuban music in Miami."

Those who care to, though, can find one or two musical enclaves where the old-time sounds still reign. Café Nostalgia holds authentic Cuban jam sessions that attract local and visiting musicians. And in Okeechobee, Rancho Don Goyo, a rustic *bohío*-style restaurant, serves up unadorned, hearty Cuban food and authentic Cuban music. In the audience, among the old, worn faces, there are always young Cuban Americans who grew up immersed in the Anglo world and suddenly feel the tug of their roots, a strong desire to find out where they came from and, possibly, where they belong.

"When I was very young, I was a bit ashamed of the Cuban music my parents listened to at home. My friends and I were into rock and heavy metal, and I couldn't, for the life of me, see what they liked in the music of Celia Cruz or Barbarito Diez," says José Alberto Brito, a young Cuban writer. In the mid-'90s, José Alberto was living in New York, and Miami, particularly Cuban Miami, was far away from his thoughts. Walking to work one day, José Alberto saw a poster advertising a Celia Cruz

algunos países de América Latina, como Venezuela y Colombia, donde las bandas locales y los músicos invitados tocan música cubana "pura", no adulterada por otras corrientes musicales.

"La música siempre está en un estado de evolución, y en Miami la música cubana ha evolucionado y ha sido influida por la 'techno', la 'hip hop' y la 'electrónica'", explica Rey Sánchez. "Además de Albita", dice de la cantante que usa un machete y unas chancletas de palo como parte de su actuación, "nadie más interpreta auténtica música cubana en Miami".

Afortunadamente, aún quedan en Miami uno o dos enclaves de la música cubana. El famoso "Café Nostalgia at the Forge" tiene, varias noches a la semana, sabrosas "descargas" musicales que atraen a músicos locales y a los que viven en el extranjero y están de paso por la ciudad. Y en Okeechobee, en las afueras de Hialeah, está "Rancho Don Goyo", un restaurante rústico donde se come la típica comida criolla y se escucha la auténtica música cubana. Entre el público, compuesto principalmente por personas mayores, siempre se ven caras jóvenes. Estas son las de los cubanoamericanos que crecieron inmersos en la cultura anglosajona y que, de pronto, sienten el poderoso llamado de sus raíces; el deseo de saber de dónde provienen y, quizás, a dónde pertenecen.

"Cuando era muy joven, sentía vergüenza de la

At rustic bohío-*style Rancho Don Goyo, singer Wifredo Mendi, famous in Cuba during the '60s, sings while patrons enjoy authentic Cuban food.*

En "Rancho Don Goyo", el cantante Wifredo Mendi, famoso en Cuba durante los años 60, canta mientras los clientes disfrutan de la auténtica cocina cubana.

concert. "And all of a sudden it hit me, a wave of nostalgia so strong that tears came to my eyes. I remembered her voice, running like a thread through my childhood and adolescence. It was in my home, at birthday parties, *quinces,* family get-togethers, and I realized that this woman had been the background music of my life. So I went back, and in a way, I picked up everything I had ignored or discarded. I discovered La Lupe, Beny Moré, Guillermo Portabales, Bola de Nieve. So many wonderful musicians! This—I don't know of any other way to explain it—opened something up inside me; all of a sudden, I could feel so much more! Pain, and sadness, and love, and all sorts of memories. It was as if, up to that moment, I had been using only half of my heart."

Words to Remember

"When I came to Miami in 1967, there weren't a lot of Spanish-language books available in the public library," remembers Ana Battista, a customer at La Moderna Poesía, one of the first Spanish-language bookstores in Miami. Now there are large Spanish-language book sections at most major bookstores, and the Miami Book Fair International features a Spanish-language conference with authors from all over Latin America. "For someone like me, who was starved for books back then, this is a literary banquet!"

música que oían mis padres en casa. Mis amigos y yo éramos fanáticos del 'rock' y el 'heavy metal' y no podía entender cómo a ellos podía gustarles la música de Celia Cruz y de Barbarito Diez", admite José Alberto Brito, un joven redactor cubano. A mediados de los años 90, José Alberto vivía en Nueva York, y Miami, particularmente el "cubaneo" típico de "La Sagüesera", estaba muy lejos de sus pensamientos. Un día, caminando hacia su trabajo, José Alberto vio un enorme afiche anunciando un concierto de Celia Cruz. "Y de pronto me vino una oleada de nostalgia insoportable. Recordé su voz, como un hilo que se entretejía en mi niñez y en mi adolescencia. Su voz estaba en mi casa, en las fiestas de cumpleaños, en los quinces, en las reuniones familiares... Y me di cuenta de que esta mujer había sido el fondo musical de mi vida. Así que di marcha atrás y recogí todo lo que había 'botado' o descartado. Descubrí a "La Lupe", a Olga Guillot, a Beny Moré, a Guillermo Portabales, a Bola de Nieve... Esto abrió algo dentro de mí; de pronto podía sentir tantas cosas... Dolor, tristeza, amor, y un millón de recuerdos. Fue como si, hasta ese momento, yo hubiera estado usando la mitad de mi corazón".

Palabras para recordar

"Cuando yo llegué a Miami en 1967, no había

Carlos Luacos stops at the large Spanish books section at Barnes & Noble in Kendall, Florida.

Carlos Luacos se detiene en la amplia sección de libros en español de la librería "Barnes & Noble", en Kendall, en la Florida.

A reader browses through a book on the history of Cuba. Facing page: When Raquel Roque and her family arrived in Miami in 1965, her parents bought a bookstore that operated on a part-time basis. At the time, books in Spanish were hard to find. Today, Roque's Downtown Book Center is one of the largest Spanish-language book distributors in the United States, and she continues to publish books about Cuba under the label Dax Books.

How did it get from there to here? The literary connection between Cuba and Florida has too many cultural, economic, and political ramifications to cover here. But it is possible to touch on some important milestones that culminated in the Cuban American literary boom of the 1990s.

During the first few years of the Cuban exodus, books published locally in Spanish were, for the most part, practical tomes like *Inglés Básico* (Basic English), a primer for those who wanted to learn the language of their new country, and perennial favorites like *Cocina Criolla* (Creole Cooking), by Nitza Villapol, and *La Edad de Oro* (The Golden Age), the classic children's book by Cuban patriot and author José Martí.

At the time, Spain and most of Latin America were still enamored with the "romance" of the Cuban Revolution. So, for the most part, Cuban exile writers and their sometimes brutal stories of disillusionment with Castro's regime were not sought out by these countries' publishing houses. Still, a growing number of exile writers felt the need

muchos libros en español en las bibliotecas públicas", recuerda Ana Battista, una clienta de "La Moderna Poesía", una de las primeras librerías de libros en español en Miami. Ahora las grandes cadenas de librerías anglosajonas ofrecen una amplia selección de libros en español, y la Feria Internacional del Libro presenta una serie de conferencias en español, con grandes autores invitados de América Latina y de España.

¿Qué fue lo que hizo posible el milagro? Los lazos literarios entre Cuba y la Florida datan de más de un siglo, y tienen tantas ramificaciones culturales, políticas y económicas, que no es posible explorarlas en este breve espacio. Pero es importante señalar ciertos acontecimientos que comenzaron a tener lugar a partir de 1959 y que culminaron en el "boom" literario cubanoamericano de los 90.

Durante los primeros años del éxodo cubano, los libros que se publicaban localmente en español eran, en su mayoría, tomos prácticos como "Inglés Básico", un manual para los que deseaban aprender el idioma de su tierra adoptiva, y obras queridas por los niños cubanos y por todos, como "La edad de oro", de José Martí.

Un lector hojea un libro sobre la Historia de Cuba. Arriba: Raquel Roque y su familia llegaron a Miami en 1965, y sus padres compraron una librería que operaba sólo parte del tiempo. En aquella época, los libros en español escaseaban. Hoy, "Downtown Book Center" es una de las compañías distribuidoras de libros en español más grandes de los Estados Unidos, y Raquel continúa publicando libros sobre Cuba bajo el sello Dax Books.

to write about the convulsed, desperate country they had left behind and to publicly denounce the Castro regime. Others simply wanted to celebrate and preserve their customs and traditions for future generations. The solution was to self-publish, but these poorly printed books were not widely advertised or distributed, and sales were slim. In time, small editorial companies like Language Research Press began producing inexpensive softcover books, sometimes no bigger than a pamphlet, with titles such as *Cantos a Cuba* (Songs of Cuba), *Sonetos Cubanos Selectos* (Selected Cuban Sonnets) and *Poesías Cubanas de Amor* (Cuban Love Poems). But real books of interest to Cuban readers, or by Cuban authors, were few and far between.

The Big Boom

A decade or so later, Carlos Victoria, Eugenio Florit, Heberto Padilla, and other writers who came to the United States during the 1980s, revitalized Cuban exile literature. These new arrivals played a fundamental role in the slowly unfolding but ever-growing literary renaissance that culminated in the '90s with the twin booms of the Cuban exile writers and the Cuban American writers. The first group were those born in Cuba who continued to write in Spanish outside their country. Besides those

En aquellos años, España y los países de América Latina aún estaban seducidos por el "romance" con la revolución cubana, y los autores cubanos en el exilio, con sus historias, muchas veces brutales, de su desilusión con el régimen castrista, no eran demandadas por estas casas editoriales. Aún así, un gran número de autores sentían la necesidad de escribir sobre su país empobrecido y desesperado, y de denunciar públicamente al régimen tiránico de Fidel Castro. Otros querían, simplemente, celebrar y conservar sus contumbres y tradiciones para las generaciones futuras. La solución: publicar sus obras ellos mismos.

Pero estos libros crudamente impresos no tenían una buena distribución y las ventas eran pobres. Con el tiempo, las pequeñas casas editoriales, como "Language Research Press", comenzaron a publicar tomos con portada de papel, que eran vendidos a bajo precio, como "Cantos a Cuba", "Sonetos cubanos selectos" y "Poesías cubanas de amor". Pero, por regla general, los libros de temas cubanos, escritos por autores cubanos, se publicaban con poca frecuecia.

El gran "boom"

Aproximadamente una década después, Carlos Victoria, Eugenio Florit, Heberto Padilla y otros escritores, muchos de los cuales llegaron a los Estados

Writer Carlos Victoria, who came to the United States during the 80s, is currently a copy editor at El Nuevo Herald, *in Miami.*

El escritor Carlos Victoria, que llegó a los Estados Unidos en la década de los 80, actualmente es editor del periódido "El Nuevo Herald", en Miami.

mentioned above, some of the most notable were Daina Chaviano, Zoé Valdés, and the late Reynaldo Arenas.

The second group are those who left Cuba as infants or were born in the United States, and write in English. Oscar Hijuelos, who won a Pulitzer Prize for *The Mambo Kings Play Songs of Love,* Ivonne Lamazares *(The Sugar Island),* C.C. Medina *(A Little Love),* Cristina Garcia *(Dreaming in Cuban),* Silvia Curbelo *(The Geography of Leaving),* and Ricardo Pau-Llosa *(Vereda Tropical),* are some of the more prominent. Although their work is almost always inextricably rooted in their *cubanía,* they reside in that elusive country of the soul that Herman Melville described as a place "not in any map. True places never are."

But does this emotional displacement make these Cuban American writers any less Cuban? On the contrary, their unique situation grants them a special place in the cultural panorama of the island. In fact, says Carolina Hospital, coauthor, with husband Carlos Medina, of *A Century of Cuban Writers in Florida,* it is the tension between wanting to be both Cuban and American that infuses this new exile literature with a unique energy and an extraordinary perspective of what it means to be—geographically and emotionally—an exile, and yet

Unidos a través del éxodo masivo del Mariel, revitalizaron la Literatura Cubana en el exilio. Ellos desempeñaron un papel fundamental en el renacimiento literario que culminó en los años 90 con dos "booms" simultáneos: el del escritor cubano exiliado, y el del escritor cubanoamericano. El primer grupo abarca a aquellos que nacieron en Cuba y que continuaron escribiendo en español fuera de su país. Además de los mencionados anteriormente, entre los más notables se encuentran Guillermo Cabrera Infante, Carlos Alberto Montaner, Daína Chaviano, Zoé Valdés y el desaparecido Reynaldo Arenas. El segundo grupo comprende a los que dejaron Cuba siendo muy pequeños, o que nacieron en los Estados Unidos y escriben en inglés. Oscar Hijuelos ("The Mambo Kings Play Songs of Love", por el que ganó el premio Pulitzer), Ivonne Lazamares ("The Sugar Island") y C.C. Medina ("A Little Love"), Cristina García ("Dreaming in Cuban"), Silvia Curbelo ("The Geography of Leaving"), y Ricardo Pau-Llosa ("Vereda tropical"), son algunos de los más sobresalientes.

Aunque por lo general la obra de estos autores está estrechamente ligada a su cubanía, ellos residen en ese país del alma que Herman Melville describe como "un lugar que no aparece en el mapa. Los lugares verdaderos no figuran en ellos".

Pero ¿acaso esta especie de "limbo" geográfico-

Dr. Hermán Martín Carreras owns one of Little Havana's landmark bookstores.
His Librería Cervantes' well-stocked shelves and homey atmosphere have been attracting Cuban bibliophiles for decades.

El Dr. Hermán Martín Carreras es el dueño de una las librerías pioneras de La Pequeña Habana.
Desde hace varias décadas, el ambiente acogedor de la librería "Cervantes" atrae a los amantes de la buena lectura.

not live, exactly, in exile. As Hospital writes in *Los Atrevidos* (The Daring Ones), an anthology of Cuban American writers, it is important to remember that "…the Cuban culture has been transplanted into another culture, adapting and contributing to the new culture, and at the same time maintaining its identity."

Even when writing about life in pre-Castro Cuba, these authors' works are infused with a sense of foreboding, as though every event, no matter how trivial or mundane, carries a portent of things to come. The specter of La Revolución informs the work of even those who did not live in its shadow. This tension between past and present, what we left and where we are, imbues the literature of exile with a uniquely Cuban sensibility.

Of course, not all Cuban readers are so intellectual or highbrow. Clarita, an elderly lady who goes to the corner pharmacy to trade passionate romance *novelitas* by Corín Tellado, the pseudonymous Spanish author loved by Cuban women, is informed of this cultural displacement theory and asked her opinion on the matter. Holding a battered copy of *Mentira sentimental* (Sentimental Lie) in her small, well-manicured hand, Clarita shrugs her shoulders and gives a you've-got-to-be-kidding-me smile. *"Ay, mi amor,"* she says, a glint of amusement in her eyes, "that is *so* complicated! Only a Cuban would think of that!"

emocional hace a estos autores menos cubanos? Todo lo contrario. Su situación única les confiere un lugar especial en el panorama cultural de la isla. Es más, según Carolina Hospital, co-autora junto con su esposo, Carlos Medina, de "A Century of Cuban Writers in Florida", una antología de los escritores cubanos en la Florida, es precisamente la tensión que se genera al tratar de ser cubano y estadounidense a la vez, la que le da una energía singular a la literatura del exilio, y ofrece una perspectiva incomparable de lo que significa ser, geográfica y emocionalmente, un exiliado, sin vivir exactamente en el exilio. Como escribe Hospital en "Los Atrevidos", una antología de escritores cubanoamericanos, "la cultura cubana ha sido transplantada a otra cultura, adaptándose y contribuyendo a la nueva cultura, y manteniendo, al mismo tiempo, su identidad".

Aún cuando los relatos de ficción de estos autores tienen lugar en la Cuba pre-castrista, están impregnados de una especie de presagio, como si todo evento, no importa cuan trivial pueda ser, fuera un portento de "cosas por venir". El espectro de la revolución aparece en la obra incluso de aquellos que no vivieron bajo su funesta sombra.

Por supuesto, no todos los lectores cubanos son tan intelectuales o amantes de entrar en semejantes profundidades sicológicas. Clarita, una ancianita que va religiosamente a la farmacia que hay a pocas cuadras de su casa para intercambiar novelitas de Corín Tellado, la famosa autora española tan querida por los cubanos, escucha hablar sobre esta teoría del "desplazamiento

Calle Ocho Renaissance

On the makeshift stage wedged into a narrow side street between Domino Park and a tiny row of nondescript storefronts, a group of musicians are making serious salsa music. The audience, old and young alike, clap and sing along. A few paces away, people mingle and move en masse along South West Eighth Street. A few slow down to look at the paintings lining the sidewalk in front of the Spanish-style McDonalds. Others stop to talk to Nelson and Ronald Currás, who sit in front of their colorful ceramics. Many are drawn to Havana to Go, a small store devoted entirely to Cuban memorabilia. People walk in and out of art galleries and antique stores, nibbling on complimentary cheese and crackers. The noise is deafening, and the exuberance is contagious. This is Viernes Cultural at Calle Ocho, or Cultural Friday, a street festival that draws thousands of people of all ages and ethnic backgrounds to a small area between 14th and 16th avenues in the heart of Little Havana. This Calle Ocho renaissance began in April 2000 with the help of commissioner Joe Sánchez and the cooperation of the Calle Ocho merchants and store owners. "It is the best thing to happen to Little Havana," claims artist Nelson Currás.

Un renacimiento en la Calle Ocho

Sobre un escenario improvisado en una estrecha calle ubicada entre el "Parque del Dominó" y una hilera de tienditas, un grupo de músicos interpreta salsa. El público, compuesto de jóvenes y de personas mayores, aplaude y canta con los artistas. A unos pocos pasos de este concierto, la gente camina en masa por la Calle 8 del Suroeste de Miami. Unos se detienen para ver las pinturas y las artesanías, que se exhiben a la entrada del "McDonald's" de estilo arquitectónico español. Otros, se paran a conversar con Nelson y Ronald Currás, que se sientan frente a sus coloridas cerámicas. Algunos entran a "investigar" una tiendita llamada "Havana to Go", que se dedica a vender recuerdos de Cuba: desde camisetas con una foto de la portada de la revista "Bohemia", hasta juegos de ajedrez donde las fichas "contrincantes" son el Ejército Español y el Ejército Mambí. La gente entra y sale de las galerías y de las tiendas de antigüedades, donde se beben una copa de vino, cortesía de la casa. El ruido es ensordecedor y la alegría es contagiosa.

Este es el "Viernes Cultural de la Calle Ocho", un festival que atrae a miles de personas de todas las edades y etnias, a una pequeña zona entre las Avenidas 14 y 16, en el corazón de La Pequeña Habana. El festival comenzó en abril del 2000 con la ayuda del comisionado Joe Sánchez y los dueños de negocios. "Es lo mejor que pudo ocurrir," dice Nelson Currás.

Artists Ronald and Nelson Currás arrived in Miami via the Mariel boatlift and found a city ripe for artistic growth. At their home, they work on their beautiful ceramics, such as this tiled tabletop, inspired by Cuban folklore.

Los famosos ceramistas Ronald y Nelson Currás llegaron a Miami en 1980, a través del éxodo del Mariel, y se encontraron con una ciudad lista para el desarrollo artístico. En el hogar que llaman "La Casona de la Sagüesera", trabajan en sus preciosas cerámicas (como esta mesa de lozas) inspiradas en el folclor cubano.

The Art of Exile

"Something wonderful is happening in Miami!" exclaims Nelson Currás from the backyard of what he calls *La Casona de la Sagüesera* (The big house in the South West), the picturesque Little Havana home he shares with his twin brother Ronald and his elderly mother. Dressed in identical black shirts and pants, bald heads glistening in the sun, the twins cut imposing figures. It is not surprising that the brothers are often compared to the more flamboyant Scull sisters, Cuban artists who always dress alike and, like the Currás brothers, are inspired by typical Cuban images and folklore. Nelson and Ronald work with ceramics, and their work—strikingly colorful tile-topped tables, plates, vases, and murals—often depicts the cultural heritage of the Caribbean Islands, like a *mulata* in a frilly *rumbera* outfit or a pair of *tambores* (bongos).

What Nelson calls wonderful is the artistic explosion that took place in the 1990s and placed the names of exiled Cuban artists like José Bedia, Tomás Sánchez, Rubén Torres Llorca, and Gustavo Acosta alongside those of Mariano Rodríguez, Amelia Peláez, Mario Carreño, Wifredo Lam—celebrated Cuban-born painters from the 19th and 20th centuries familiar to art connoisseurs all over the world.

The Currás brothers moved to Miami in 1980 and remember a city that at the time was not hospitable to exile artists. "During the Mariel boatlift, a lot of great painters, sculptors, and people

cultural" o transculturización, como dicen los sociólogos. Con una copia de "Mentira sentimental" en su pequeña mano de uñas perfectamente arregladas por la manicure, Clarita sonríe con desenfado. "Ay, mi amor, eso es algo tan complicado, ¡que nada más se le puede ocurrir a un cubano!", dice, con un brillo de picardía en la mirada.

El arte del exilio

"¡Algo maravilloso está pasando en Miami!", exclama Nelson Currás en el patio de lo que él llama "La Casona de la Sagüesera", la pintoresca casa en La Pequeña Habana que él comparte con su hermano, Ronald, y con su anciana madre. Idénticamente vestidos todo de negro, y con sus cabezas rapadas brillando bajo el sol, los hermanos Currás son figuras imponentes. Por algo no sorprende que a menudo los comparen con las hermanas Scull, las excéntricas pintoras cubanas que también se visten igual, y que, como los Currás, se inspiran en escenas típicas de la vida habanera y en el folclor cubano.

Nelson y Ronald Currás son ceramistas, y su obra, compuesta de coloridas mesas de azulejos, de platos, de jarrones y de murales, muchas veces está cargada de motivos negroides, como una mulata vestida de rumbera o un par de tambores africanos. Lo que Nelson llama "maravilloso", es la explosión artística que tuvo lugar en los 90 y que situó los nombres de pintores y artistas plásticos cubanos exiliados como José Bedia, Tomás Sánchez, Rubén Torres Llorca y Gustavo Acosta, al lado de los de Mariano Rodríguez,

In this colorful three-dimensional work by sisters Sahara and Haydée Scull and Haydée's son Michael,
typical characters of Cuban folklore, such as The Gentleman from Paris (left, in the long cape), make an appearance.
"We copy what we see around us," says Haydée, walking in South Beach next to her son Michael. "Our dresses, which we make ourselves,
are inspired by the movie stars of the 1950s," she says. "During those years, Havana was beautiful and we used to walk
alongside the Malecón shaking our hips sin compasión (outrageously)."

En esta colorida obra tridimensional de las hermanas Sahara y Haydée Scull y Michael, el hijo de Haydée,
aparecen personajes del folclor cubano, como "El Caballero de París" (a la izquierda, vistiendo una larga capa).
"Nosotros copiamos lo que vemos a nuestro alrededor", dice Haydée, mientras camina con Sahara y con su hijo Michael
por una avenida peatonal de South Beach. "Nosotras mismas hacemos nuestros vestidos, que son inspirados en las actrices de los años 50",
dice Haydée. "En esa época La Habana era muy bella y nosotras la caminábamos toda por el Malecón, dando cadera sin compasión".

Artist Demi at a Coral Gables gallery exhibition of her work,
a series of paintings entitled "The Family Portrait Series."

La pintora Demi en una galería de Coral Gables durante una exhibición de su obra,
una colección de cuadros titulada "La Serie Familiar".

like us, who work with ceramics, moved to Miami, but they had no place to exhibit their work." Then a group of artists, including the Curráses, created a consortium called Art 10. In an old building in Little Havana, across from Domino Park, these men worked, exhibited their art, and in some cases even lived for a while. Whether it was celebrated or dismissed, as it sometimes was, as "facile nostalgia," their work revived the moribund local art scene. It made people turn around and *look* with new interest.

"I am not saying that those of us who came in 1980 changed the face of exile art," contends Nelson. "There were great painters and sculptors living outside of Cuba. But for many years, most Cubans didn't have the money to invest in art, so a lot of excellent artists fell by the wayside. We came along at a good time. Cubans were buying and collecting. People started talking about art and became more knowledgeable on the subject."

Indeed, the Marielitos sparked an international interest in Cuban exile art. Some contend that they paved the way for the arrival of the *Generación de los '90* (Generation of the '90s), Cuban artists who rejected the Socialist Realism that governed Cuban art at the time, with its scenes of worthy, earnest laborers. These artists were in search of a more universal, poetic language, one that, at least through their work, allowed them freedom from confining rules. They started dealing with more universal themes: sex, religion, and identity.

Amelia Peláez, Fidelio Ponce de León, Mario Carreño y Wifredo Lam, célebres pintores cubanos de los siglos XIX y XX, reconocidos mundialmente por los conocedores.

Los hermanos Currás llegaron a Miami en 1980, y recuerdan que, en esa época, la ciudad no acogía a los artistas exiliados. "Con el éxodo del Mariel, aquí llegaron grandes pintores y escultores, y personas que, como nosotros, trabajan la cerámica. Pero no teníamos dónde exhibir nuestro trabajo".

Fue entonces que un grupo de artistas, que incluía a los Currás, creó un consorcio llamado "Arte 10" en un viejo edificio, frente al "Parque del Dominó", en La Pequeña Habana. Allí trabajaban en su obra, la exhibían y, en algunos casos, incluso vivían en el local durante un tiempo, hasta "levantarse" económicamente. Aunque en algunas ocasiones fue rechazada como "nostalgia facilista", la obra de estos artistas plásticos revivió el interés por el arte cubano en el exilio, e hizo que se tuviera una nueva perspectiva del mismo.

"Yo no estoy diciendo que los artistas que llegamos en el 80 cambiamos el rostro del arte del exilio", aclara Nelson Currás. "Ya había grandes pintores y escultores viviendo fuera de Cuba. Pero antes del Mariel, los cubanos no tenían dinero para invertir en el arte, y muchos buenos pintores tuvieron que dedicarse a otras cosas, para sobrevivir. Nosotros llegamos a Miami en el momento clave, cuando los cubanos estaban en posición de invertir y de coleccionar obras. La gente comenzó a hablar

When these young men and women began arriving in the United States, the public was ready for their visionary and sometimes metaphysical work. Second- and third-generation Cuban Americans with the economic means to buy art were longing to embrace their national identity. Some found it in this intensely Cuban art. The colorful, idealized tropical landscapes of a Tómas Sánchez—with their otherworldly feel—resonate with those who long for a place that, again, is not on any map.

Today, the *Generación de los '90* is artistically recognized and commercially successful all over the world. Some of its members have won their place in the pantheon of the greats, whether the Cuban "boom" continues or, as sometimes happens in the art world, phases out. But Cuban exile art itself will not, insists Currás, phase out. It will continue to evolve and reinvent itself, always using as its raw material, directly or indirectly, the artists' eternal love for *la isla*.

de arte y hubo una especie de renacimiento cultural".

Sin duda, los "marielitos" despertaron el interés mundial por el arte cubano, y muchos aseguran que también allanaron el camino para la llegada de la llamada "Generación de los 90", un movimiento compuesto por un grupo de pintores cubanos que rechazaban el limitante "realismo socialista", impuesto en Cuba por la estética ruso-soviética de Moscú, durante tantos años. Estos artistas plásticos estaban en la búsqueda de un lenguaje más poético y universal, que les permitiera, al menos mediante sus obras, escapar de las reglas impuestas por el sistema estalinista castrista. Cuando estos jóvenes artistas plásticos comenzaron a llegar a los Estados Unidos, unos procedentes de Cuba, otros, de países de Europa donde se habían exiliado, el público estaba listo para su obra liberadora. Los cubanos de la segunda y de la tercera generación, que tenían los medios económicos para comprar obras de arte, estaban ansiosos por redescubrir su identidad nacional, y los idealizados paisajes tropicales de Tomás Sánchez, con su atmósfera de lugares ligeramente fuera de este mundo, resonaron especialmente con aquellos que buscaban un lugar. . . "que no se encuentra en un mapa", pero que perdura eternamente en el corazón.

"Does Cuba inform my work? Absolutely! I am always immersed in Cuba
and in the islands of my beloved Caribbean sea,"
says artist Carlos Betancourt, in his studio in downtown Miami.

"¿Si Cuba influye en mi obra? ¡Totalmente! Yo siempre estoy inmerso en Cuba
y en las islas de mi querido mar Caribe",
dice el pintor Carlos Betancourt, en su estudio en el "downtown" de Miami.

Theater and Nightlife
Teatro y vida nocturna

———

FIDEL CASTRO takes the stage dressed in the olive-green military fatigues familiar from so many newsreels. The years have turned his macho cock-of-the-walk strut into an old man's shuffle, and his gray beard looks scraggly and sparse. Still, he sticks out his chest importantly and puffs on a huge cigar before starting one of his interminable tirades:

"Dictators hate artists, because artists are dreamers and escapists; they create beauty."
–from Reynaldo Arenas's memoirs Before Night Falls.

"I have kept every single promise I made to the Cuban people!" he shouts, punctuating every word with a wave of his cigar. "I promised them three square meals a day, and they eat three square meals a day! I promised them they would dress well, live in modern, comfortable homes, and drive nice cars . . . and I have fulfilled every one of those promises!" he roars. And then he pauses for an instant, before adding dramatically, "If you don't believe me, look how well Cubans are doing in Miami!"

At this, the audience lets out a wild whoop of

FIDEL CASTRO sube al escenario. Como siempre, viste de verde olivo. Los años han convertido su paso orondo de pavo real en el caminar vacilante de un anciano y su barba gris se ve escasa y pobre. Aún así, el "Máximo Líder" hincha el pecho con aire de importancia y le da una fumada a su tabaco antes de comenzar uno más de sus interminables discursos:

"Los dictadores odian a los artistas porque los artistas son soñadores y escapistas; ellos crean belleza".
–De la autobiografía de Reynaldo Arenas, "Antes que anochezca".

"¡Yo he cumplido todas las promesas que le he hecho al pueblo de Cuba!", vocifera, enfatizando cada palabra con un gesto de su tabaco. "Les prometí a los cubanos que comerían tres comidas al día, y ya tienen tres comidas al día. Les prometí que se vestirían bien, que vivirían en casas modernas y cómodas, y que manejarían buenos carros. . . y he cumplido todas y cada una de esas promesas", ruge. Y hace una breve pausa, para añadir, con gran dramatismo: "Y si no me creen, ¡miren qué bien les va a los cubanos de Miami!".

For Armando Roblán, who has mastered the art of makeup, transforming himself into Raúl Castro, one of the exile community's most hated figures, takes only a few moments.

Armando Roblán domina el arte del maquillaje escénico y convertirse en Raúl Castro, una de las figuras más odiadas del exilio cubano, le toma unos pocos minutos.

laughter. Some clap; others wipe tears from their eyes. As played by veteran Cuban comedian Armando Roblán, this silly, defanged Fidel Castro is an object of contempt and ridicule. But something more than ridicule is happening here. As Roblán's parody unfolds, the people in the audience—mostly elderly couples elegantly dressed for the occasion—are able to vent some of the anger they feel at the pain and humiliation they suffered under Castro's regime.

The name of the play says it all. *En los noventa, Fidel revienta* rhymes in Spanish and literally translates to "Fidel will explode in the '90s." Firmly rooted in the *teatro bufo,* a theatrical tradition in Cuba since Spanish colonial times, plays such as *En los noventa Fidel revienta, En el 2001 no queda ni uno* (No one remains [in Cuba] in 2001), and *Cuca la balsera llegó a La Sagüesera* (Cuca the rafter arrived in the South West), satirize the political situation in Cuba as well as events, political or otherwise, taking place in Miami. In most of them, performers ad-lib according to the day's headlines. The performances sometimes include the audience as part of the show,

Ante esto, el público estalla en una enorme carcajada. En la acertada interpretación del veterano comediante cubano Armando Roblán, este absurdo y bufonesco Fidel Castro se convierte en un patético objeto de burla y de ridículo. Pero lo que ocurre cada noche en este teatro de la Calle Ocho, va más allá del ridículo. Según se va desarrollando la trama de esta parodia, el público tiene la oportunidad de liberar algo de la ira y el dolor que aún siente por las humillaciones y los abusos sufridos bajo el régimen de Fidel Castro.

El título de la obra lo dice todo: "En los 90, Fidel revienta". Firmemente arraigadas en el teatro bufo, una tradición cubana desde la época de la colonia española, obras como "En el 2001 no queda ni uno", y "Cuca la balsera llegó a La Sagüesera", satirizan la situación sociopolítica en Cuba, además de otros eventos de diversa índole social que ocurren en Miami. En muchas de estas piezas, los actores lanzan "morcillas" (improvisaciones) de acuerdo con los titulares del día; y en algunas ocasiones, el público interrumpe estos sentidos "apartes" con

In Armando Roblán's popular comedies,
Castro becomes an object of ridicule.

En las populares comedias de Armando Roblán,
Fidel Castro se convierte en un objeto de burla.

with the onlookers clapping and chiming in with comments of their own. This theatrical dialogue makes for a communal catharsis, or emotional release, that some people call *terapia de la risa,* or "laughter therapy."

Marta and Ernesto Hoyos have been coming to Cuban exile theater since the mid-1970s. At the time, the couple worked in a small factory in Hialeah, earning just enough to make ends meet. Scraping together the money for theater tickets represented a huge sacrifice. But sitting in the audience and hearing familiar Cuban expressions absent from the Mexican soap operas broadcast on Channel 23, at the time the only Spanish-language television station in Miami, made them feel *en familia.*

"When I arrived in Miami in 1967, a friend told me, 'Come to the airport to see the planes take off,'" remembers Marta. "I was horrified! I thought 'My God, I come from a country with a great school of ballet, with wonderful

aplausos, chiflidos, e incluso hasta con sus propios comentarios. Este diálogo entre el público y los actores permite una especie de catarsis colectiva o desahogo emocional en masa, que algunos llaman con cierta solemnidad picaresca "terapia de la risa".

Marta y Enersto Hoyos frecuentan el teatro desde mediados de los años 70. Por aquel entonces, los esposos trabajaban en una pequeña factoría de ropa en Hialeah, donde ganaban lo justo para sobrevivir. Reunir el dinero para comprar los boletos del teatro, era una faena realmente heroica, pero el privilegio de poder sentarse formando parte de un público hermano y escuchar expresiones cubanas, ausentes en las telenovelas mexicanas que se transmitían por el Canal 23 (el único en español), aliviaba en algo la nostalgia y los hacía sentirse como en familia.

"Cuando llegamos a Miami en 1967, una amiga me dijo: 'Vamos al aeropuerto, para que veas despegar los aviones'", recuerda Marta. "¡Yo me

Roblán is aware that his impressions of Castro are cathartic to his Cuban audience. Here, in partial make-up, he wears a fake nose.

Roblán es consciente de que sus impresiones de Castro son una catarsis para su público. A medio maquillar, lleva una nariz falsa.

artists and writers and a tradition of going to the theater... and I'm going to the airport for entertainment?' "

Indeed, Cuba's strategic location in the Caribbean placed the country in an enviable cultural position. In the days when most traveling was done by ship, this tiny alligator-shaped island was called the key to the Gulf, because when approached by sea, Cuba is a point of entry to the Americas. This usually ensured that theater companies traveling from Europe made their first stop in Havana, which gave most Cubans access to the best of both worlds: a robust national theater and the opportunity to enjoy the work of prestigious European actors, directors, and playwrights.

Alberto Ernesto Capote, once director of lighting at the world-famous Tropicana nightclub in Havana, arrived in Miami in 1964. Like the Hoyos, he became thoroughly horrified at the cultural wasteland that stretched before him and promptly rolled up his sleeves and got to work laying the foundations of Cuban exile theater.

horroricé! Y pensé: 'Dios mío, vengo de un país con una gran escuela de ballet, con artistas maravillosos y grandes escritores y una tradición de ir al teatro, ¿y voy a ir al aeropuerto a ver despegar los aviones para entretenerme?' ".

La ubicación privilegiada de Cuba en el Mar Caribe situó al país en una posición envidiable desde el punto de vista cultural. En la época en que se viajaba mayormente por mar, esta islita con forma de caimán era llamada "La Llave del Golfo", ya que cuando se llegaba era como abrir una puerta de entrada a las Américas. Esto quería decir que las compañías teatrales que viajaban a América desde Europa, hacían su primera parada en La Habana. Por ende, los cubanos tenían acceso a lo mejor de los dos mundos: al robusto teatro nacional y al trabajo creativo de prestigiosos dramaturgos europeos.

Alberto Ernesto Capote, director de iluminación del mundialmente famoso cabaret nocturno "Tropicana", de La Habana, llegó a Miami en 1964. Al igual que el matrimonio Hoyos, Capote se sintió horrorizado al ver el pobre panorama cultural que se extendía ante sus ojos y, muy

Theater impresario and pioneer Alberto Ernesto Capote in his Little Havana office.
On the wall is a poster of legendary Cuban comedian and Capote colleague Leopoldo Fernández "Trespatines".
In the word balloon, his characteristic—and untranslatable—expression denoting disbelief: "¡Qué cosa más grande!"

El famoso pionero y empresario teatral Alberto Ernesto Capote, en su oficina en el "Teatro Martí" de La Pequeña Habana.
En la pared se puede ver un afiche del conocido comediante cubano, y colega de Capote, Leopoldo Fernández, "Trespatines", con su expresión característica: "¡Qué cosa más grande!".

Scavenging for Art

"It was a very, very difficult time to found a theater," says Capote from his office in the original Teatro Martí, an old Spanish-style building in the heart of Little Havana. With what he calls "a single-minded obsession," Capote turned what was originally a run-down boxers' gym into a multi-stage theater with the capacity to mount up to four plays simultaneously. "Back then I was working in an aluminum-window factory and I was making very little money, but I wanted to put on plays. So by 1965, we had our first play onstage."

The actors in those early times—Velia Martínez, Pedro de Pool, Armando Roblán, and Nestor Cabell, among many others—held regular eight-hour jobs during the day just to put food on the table. But their nights belonged to the theater. When they weren't rehearsing, they were building the sets and scavenging for throwaways such as old furniture and discarded clothes that with a bit of work and a lot of ingenuity could be fashioned into set decor and period costumes. The notion of turning a profit

pronto, se subió las mangas de la camisa y, literalmente, comenzó a trabajar sentando los cimientos del teatro del exilio.

Un teatro "a retazos"

"Era una época muy, muy difícil para fundar un teatro", afirma Capote desde su oficina en el "Teatro Martí", ubicado en un antiguo edificio de estilo colonial español, en el corazón de La Pequeña Habana. Capote convirtió lo que originalmente era un gimnasio para boxeadores, en lo que es hoy un teatro con capacidad de montar en escena varias obras a la vez. "En aquel entonces trabajaba en una fábrica de ventanas de aluminio. No teníamos un centavo, pero ya en 1965 pusimos nuestra primera obra en escena".

En aquella época, los actores Velia Martínez, Pedro de Pool, Armando Roblán y Nestor Cabell, entre otros, trabajaban de día, muchas veces en puestos totalmente ajenos a su campo, sólo para pagarse el alquiler. Pero sus noches pertenecían a las tablas. Cuando no estaban ensayando, estaban armando la escenografía o salían a la calle a buscar muebles y ropas que la gente había desechado y que, con un poco de talento e imaginación,

Inspired by the artistic vision of writer, actress, and director Teresa María Rojas (above), Miami-Dade Community College's Prometeo keeps Spanish-language theater alive and thriving. Left: The actors rehearse a moody piece by Reynaldo Arenas.

Inspirado por la visión artística de la escritora, actriz y directora Teresa María Rojas (arriba), el grupo teatral "Prometeo", del Miami-Dade Community College, mantiene vivo el teatro en español. Izquierda: Los actores ensayan "Persecusión", una obra de Reynaldo Arenas.

never entered their minds. "We did it purely for the love of it. The money we made wasn't enough to pay for gasoline," remembers Capote.

At around the same time, Salvador Ugarte and Alfonso Cremata, two recent arrivals barely out of their teens, felt frustrated by the lack of venues for artistic expression other than nostalgic musical reminiscences of *la Cuba de ayer* (the Cuba of yesteryear). Pooling their scant resources, the boys, as they are still known, decided to establish their own theater company. And so Teatro Las Máscaras was born.

"It is easier said than done," says Cremata, who with his partner Ugarte is still active in the local theater. "For the opening, we wanted to produce and act in *Gaslight*. At the time, Salvador and I worked in a department store, and after work, we would drive up and down Coral Gables picking up old furniture that people had thrown away in the trash. These became our Victorian sets."

With no money for advertising, Ugarte and

se convertían en la escenografía y el vestuario de sus obras. La idea de ganar dinero pocas veces les pasaba por la mente. "El dinero que ganábamos con estas obras no alcanzaba ni para la gasolina. Lo hacíamos, literalmente, por amor al arte", recuerda Capote.

En esa misma época, Salvador Ugarte y Alfonso Cremata, dos recién llegados que apenas salían de la adolescencia, se sintieron frustrados ante la falta de oportunidades para la expresión artística en Miami, que solo disponía de espacio para obras musicales cargadas de nostalgia por "la Cuba de ayer". Uniendo sus escasos recursos, "los muchachos", como aún se les conoce, decidieron fundar su propia compañía de teatro. Y así nació el "Teatro Las Máscaras".

"Pero esto se dice más fácil de lo que se hace", señala Cremata. El y su socio, Salvador Ugarte, siguen activos en el panorama del teatro local. "Para nuestra primera puesta en escena, queríamos hacer 'La luz que agoniza'. En aquel entonces Salvador y yo trabajábamos en una tienda por departamentos, y después del trabajo, nos

Teatro Las Máscaras's Salvador Ugarte and Alfonso Cremata are founders of Cuban exile theater.
The men started producing plays when they were barely out of their teens.
Since then, they have branched out into soap opera writing and television production.

Salvador Ugarte y Alfonso Cremata, del "Teatro Las Máscaras", son pioneros del teatro cubano del exilio
porque comenzaron a producir obras de teatro siendo aún unos adolescentes.
Desde entonces, se han diversificado y escriben telenovelas y producen programas de televisión.

Cremata would sneak into parking lots and place flyers announcing their play on the windshields of cars. The price of the tickets was 95 cents, and still some nights there were more people up onstage than sitting in the audience.

"We were all scraping by. We couldn't even afford a rehearsal hall, so we rehearsed in the Episcopal church of Reverend Max Salvador," remembers Pili De La Rosa. De La Rosa is one of the founding members of the now prestigious Sociedad Pro-Arte Grateli, established in 1967 and still passionately devoted to keeping *zarzuela* (traditional Spanish musical theater) and classic world theater alive. "How did we do it? On a wing and a prayer. Why did we do it?" De La Rosa ponders for a moment. "Love. Love of art and love of people. People need the theater to nourish their soul and reflect their image back to themselves. And so we pressed on, even though back then most Cubans didn't have the price of admission, which at the time was about four dollars."

"At the beginning," says Teresa María Rojas, founder of Prometeo, an intellectually adventurous, nonprofit Little Theatre company at Miami-Dade Community College, "the theater in Miami was like

íbamos a recorrer Coral Gables, en busca de muebles que habían botado en la basura. Esos muebles fueron nuestra escenografía victoriana".

Como no tenían dinero para anunciar la obra, Ugarte y Cremata se "colaban" en los estacionamientos de automóviles y ponían avisos en los parabrisas. El precio de los boletos de entrada era de 95 centavos y aún así, muchas noches había más actores en escena que público en las butacas.

"En aquella época todos pasamos mucho trabajo. Como no teníamos dinero para alquilar un salón, ensayábamos en la Iglesia Episcopal del Reverendo Max Salvador", recuerda Pili De La Rosa, una de las fundadoras de la prestigiosa "Sociedad Pro-Arte Grateli." Establecida en 1967, hoy, como ayer, Grateli se dedica, con verdadera pasión, a mantener vivas las zarzuelas y el teatro lírico en español. "¿Cómo lo hicimos? De milagro. ¿Por qué lo hacíamos? Por amor. Amor por el arte y amor por la gente. La gente necesita el teatro para alimentar su alma, y para que le refleje su propia imagen. En aquel momento la mayoría de los cubanos no tenía el dinero de la entrada, que era como cuatro dólares", cuenta Pili.

"Al principio, el teatro en Miami era como un escenario vacío que, con mucho esfuerzo, un grupo

A performance artist attracts a crowd during Cultural Friday on Eighth Street (Calle Ocho). The Tower Theatre, located in the very heart of Little Havana, was one of the first to show films with Spanish subtitles. Today it is a beloved landmark of the Cuban community

Una artista de la calle atrae al público durante el "Viernes Cultural" en la Calle Ocho. El "Teatro Tower", que está ubicado en el mismo corazón de La Pequeña Habana, fue uno de los primeros en exhibir películas con letreros en español. Hoy, es un querido hito de la comunidad cubana.

an empty stage that, against very difficult odds, a group of hardworking actors filled with words, movement and light."

Good News

That was then; this is now.

Fortunately, Cuban exile theater has not waned or disappeared in the face of assimilation. Nostalgia has its place, to be sure. Teatro Martí veteran Nestor Cabell keeps traditional vaudeville alive with his *Midnight Follies* at the Teatro de Bellas Artes, and Armando Roblán continues to give exiles their cathartic moment with his buffoonish impressions of *El Máximo Líder*.

Yet other types of *exilio* theater thrives. Writer, producer, and director Maria Julia Casanova, as well as The Manuel Artime Theatre, stage classic plays by Federico García Lorca, Jean Cocteau, and Alejandro Casona, among other important playwrights; and young companies like La Ma Teodora and Mario Ernesto Sánchez's Teatro Avante, break artistic ground with intellectually adventurous plays.

There is even an international theater festival, founded by actor-playwright-director Mario Ernesto Sánchez. Every June, El Festival Internacional del

de actores llenó con palabras, luces y movimiento...", recuerda Teresa María Rojas, fundadora de "Prometeo", una compañía de teatro, sin fines de lucro, que opera en el Miami Dade Community College y que pone en escena obras de grandes autores mundialmente conocidos.

Las buenas noticias

Ahora, este teatro del exilio, que antes muchos descalificaban por ser "simple nostalgia", o que catalogaban de "superficial", dedicado a hacer comedias "bobas" atacando a Fidel Castro, no sólo se ha mantenido vivo, sino que ha evolucionado y, en muchos casos, ha madurado. Por supuesto, la nostalgia siempre va a tener un lugar entre los cubanos como en cualquier otro exilio. Nestor Cabell, veterano del "Teatro Martí", mantiene viva la tradición del vodevil con su espectáculo "Midnight Follies", en el "Teatro de Bellas Artes", y Armando Roblán continúa dándole a los exiliados su momento de catarsis con sus bufonescas interpretaciones de "El Máximo Líder".

Sin embargo, hoy el público también tiene otras opciones: el "Teatro Manuel Artime", en La Pequeña Habana, pone en escena obras clásicas; la veterana escritora, productora y directora de teatro María Julia

Above: Patrons mill around the entrance before the show.
Right: Nestor Cabell (in sailor suit) plays "Pepito," the mischievous child featured in most Cuban "adult" jokes.

Arriba: El público se arremolina a la entrada del teatro, antes de comenzar la función.
Derecha: Nestor Cabell (en traje de marinero) interpreta a "Pepito", el niño precoz y atrevido de los famosos chistes cubanos.

Teatro Hispano gives theater lovers an opportunity to sample new works from Spain and Latin America. At the same time, Prometeo continues to introduce the younger generation to the plays of Eugene Ionesco, William Inge, and Jean Cocteau, as well as the works of such Cuban authors as José Martí, Guillermo Cabrera Infante, and Reynaldo Arenas. Often, a theatrical "crossover" takes place and Cuban-themed plays—*A Bicycle Country, Once Removed,* and *Café con leche,* among others—are staged in English at The Coconut Grove Playhouse and the Miracle Playhouse in Coral Gables.

"The future looks bright," remarks Teresa María Rojas. "At Prometeo, every day I see young people who come in hardly speaking Spanish fall madly in love with their heritage and their language. And that," she adds, "is the beauty of the theater."

Dancing a la cubana

At Bongos Cuban Café, the music is a throbbing wall of sound that makes the toes vibrate and then, like an electric jolt, travels to the chest, where it thumps-thumps-thumps like, well, bongos. It's not surprising that the music is magnetic. The café, located behind the mammoth Miami Arena

Casanova, sigue haciendo magia sobre las tablas.

Compañías jóvenes como "La Ma Teodora" y el "Teatro Avante", "hacen camino al andar" con obras intelectualmente retadoras. Además, cada junio, el Festival Internacional del Teatro Hispano, fundado por el actor, libretista y director Mario Ernesto Sánchez, le da al público la oportunidad de disfrutar de nuevas obras de España y América Latina. Por su parte, "Prometeo" continúa presentándole a la nueva generación las obras de Eugene Ionesco, William Inge y Jean Cocteau, además de obras de autores cubanos como José Martí, Guillermo Cabrera Infante y Reynaldo Arenas. Otras obras de temática cubana, escritas originalmente en inglés, como "A Bycicle Country", "Once Removed" y "Café con leche", entre otras, se presentan en el "Coconut Grove Playhouse" y el "Miracle Playhouse", en Coral Gables.

"El futuro es esperanzador", promete Teresa María Rojas. "En 'Prometeo', todos los días veo a jóvenes, que casi no hablan español, enamorarse de su herencia y de su idioma. Y esa es la belleza del teatro".

Bailar a la cubana

En "Bongos Cuban Café", la música es una pared de sonido que hace vibrar los dedos de los pies y, como

Estampas Cubanas drummer Louis "Jr." Vitale and dancer Mario Solano perform at Cuba Nostalgia, an annual event held in Coconut Grove, Florida. Created by Leslie Pantin, Jr., Cuba Nostalgia allows the Cuban community to rejoice in all aspects of its culture.

El bongosero Louis "Jr." Vitale y el bailarín Mario Solano, del grupo "Estampas cubanas", actúan en un espectáculo de "Cuba Nostalgia", el evento cultural que se celebra todos los años en Coconut Grove, Florida. Creado por Leslie Pantin, Jr., "Cuba Nostalgia" le permite a los exiliados recrearse en sus raíces.

on Biscayne Boulevard, is owned by Gloria and Emilio Estefan. And as Gloria promises in one of her hit songs, the rhythm does indeed "get you."

Taking time out from some vigorous salsa dancing, Francisco Gómez, a young man in his twenties clad in a fire-engine red *guayabera*, offers some helpful tips. "To dance *a la cubana*, it's not enough to know the steps; you gotta feel the beat from the waist down!" Who taught him to dance? "The guys in my family," he says, shrugging his shoulders as if the question were very silly. "The older guys know how to do it right."

There was a time, though, when the "older guys"—those men and women now in their mid-forties and fifties—had very few places to *bailar cubano* outside of family parties and get-togethers. Although pre-Castro Cuba was world-famous for its exciting nightlife, its spectacular casinos, nightclubs, and cabarets, Cuban Miami had few places to dance the night away. Los Violines nightclub, now defunct, was one. Others opened and closed with alarming rapidity.

Sadly, the legendary green-eyed mulatto chorus

un corrientazo eléctrico, sube hasta el pecho, donde retumba como… bueno, como bongóes, precisamente. A nadie debe sorprenderle que la música tenga este magnetismo porque el café, situado detrás del enorme estadio "Miami American Airlines Arena", en Biscayne Boulevard, es propiedad de Gloria y Emilio Estefan. Y como declara Gloria en una de sus canciones, el ritmo, realmente, "te agarra".

Francisco Gómez, un joven de veintitantos años, que viste una guayabera rojo tomate, se toma unos minutos para descansar de una vigorosa sesión de salsa y ofrecer algunos consejos sobre cómo bailar a la cubana: "No basta con saberte los pasos; ¡tienes que sentir el ritmo de la cintura pa' abajo!", grita Francisco, "Paqui" para sus amigos, todos ellos jóvenes cubanos elegantemente vestidos para una noche de fiesta. ¿Quién le enseñó a bailar? "Los hombres de mi familia", responde, alzándose de hombros, como si la pregunta fuera tonta. "Los 'viejos' saben hacerlo bien".

Pero hubo un tiempo en que "los viejos", esos hombres y mujeres a los que se refiere Francisco y que hoy tienen cuarenta y cincuenta años, tenían pocos sitios donde ir a "bailar cubano", al margen de las fiestas

Dancing salsa at Gloria and Emilio Estefan's Bongos Cuban Café.

Los jóvenes bailan salsa en el "Bongos Cuban Café", de Emilio y Gloria Estefan.

girls of Cuba's Tropicana nightclub did not continue their careers in *el exilio*. This happened, in part, because the early exiles were working in factories for minimum wage, and there wasn't much money to spend in nightclubs. At the same time, their sons and daughters felt torn between two cultures. The need to assimilate and be "cool" according to American standards often clashed with the pull exerted by family members who insisted on retaining *la cubanía*.

All that changed during the late 1980s and 1990s, as Cubans got on firmer financial footing, and almost simultaneously, a tremendous Cuban music boom shook their world. Suddenly, being Cuban was "cool," and the musicians of the younger generation began paying homage to the old masters. Kids rifled through *abuelo's* music collection looking for the sounds they once dismissed as old-fashioned. There, among the old long-playing records of Chapotín, Beny Moré, La Lupe, and Rolando LaSerie, these kids found more than the *son, danzón,* and *guaguancó* music of yesteryear. They also found their roots.

Today, at dance academies like Elena del Cueto Cuban Dance, and banquet and reception halls in

y de las reuniones familiares. Aunque la Cuba pre-castrista era famosa mundialmente por sus espectaculares cabarets y sus clubes nocturnos, los cubanos de Miami no tenían muchos lugares donde disfrutar de la vida nocturna. Uno de ellos era el club "Los Violines", ya desaparecido; otros abrían y cerraban sus puertas con alarmante rapidez. Tristemente, las legendarias mulatas de ojos verdes del club "Tropicana" estaban ausentes, en cuerpo y espíritu, del exilio.

Esto ocurría, en parte, porque durante la década de los años 70 la mayoría de los cubanos trabajaba en factorías por el salario mínimo y no había dinero ni ánimo para ir a clubes nocturnos. Al mismo tiempo, sus hijos adolescentes se sentían atrapados entre dos culturas. La necesidad de asimilarse en la cultura anglosajona y ser "cool", como los americanos, muchas veces chocaba con la influencia de la familia, que les insistía en que preservaran su "cubanía".

Todo cambió, sin embargo, durante el final de la década de los 80 y el comienzo de los 90. Los cubanos del exilio comenzaron a mejorar su posición económica y, al mismo tiempo, un tremendo "boom" de música cubana estremeció al mundo. De pronto, ser cubano estaba justamente de moda.

Entonces, los jóvenes corrieron a la colección de

Singer and composer Willy Chirino captures the nostalgia and the hope of all Cuban exiles in his heartfelt songs. Willy is married to Cuban singer Lissette, who rose to fame as a child with the song "El ratoncito Miguel." Their four daughters–all born in the United States–follow in their parents' musical footsteps.

El cantante y compositor Willy Chirino encierra en sus canciones toda la nostalgia y las esperanzas de los exiliados cubanos. Willy está casado con la cantante cubana Lissette, que se hizo famosa cuando era una niña con la canción "El ratoncito Miguel". Las cuatro hijas de Willy y Lissette nacieron en los Estados Unidos, pero siguen los pasos musicales de sus padres.

Izquierda: Para bailar "a la cubana", no hay como ir al "Café Nostalgia". Kathy Castro (izquierda) y Barbie Ruiz (derecha), jóvenes cuñadas, disfrutan de la sabrosa música afrocubana en este rincón criollo.

Derecha: La banda del "Café Nostalgia" mantiene viva la auténtica música de su país. Cuando están en Miami, los músicos cubanos que viven en el extranjero suelen visitar este café para armar una tremenda "descarga".

Abajo: Pepe Horta, el dueño de "Café Nostalgia", frente a una pared que muestra las fotos de las celebridades que han visitado el lugar: desde Rubén Blades hasta Andy García. Este pedacito de Cuba en Miami inspiró a Zoé Valdés, la escritora cubana exiliada en París, a escribir su novela titulada "Café Nostalgia".

Above: Girls night out at Café Nostalgia. Sisters-in-law Kathy Castro (left) and Barbie Ruiz (right) dance the night away to the bongo-laden sound of Cuban music.

Right: Owner Pepe Horta at Café Nostalgia. The wall in the background is completely covered with photographs of visiting celebrities, from Rubén Blades to Andy Garcia. Horta's little bit of Cuba in Miami inspired Cuban exile writer Zoé Valdés, a resident of Paris, to write her novel Café Nostalgia.

Facing page: The Café Nostalgia Band keeps authentic Cuban music alive and well in exile. Visiting musicians living abroad usually stop by late at night for a hot jam session.

Hialeah and Little Havana, teens congregate to learn to dance Cuban-style. *Quince* choreographer Angel Díaz estimates that over 50 percent of Cuban youths can now dance like their *abuelos*.

And so, in Miami, *yucas* (young urban Cuban Americans) like Francisco Gómez now enjoy a dazzling array of nightclubs, restaurants, and dance clubs that showcase Cuban music and performers. To mention just a few, there's La Covacha, Bolero, The Habana Room, Club Tropigala, Havana Dreams, Rumba Room, La Taberna, Wuajiro's, El Paraíso Tropical, Hoy como Ayer, and Willy Chirino's Zarabanda. At Café Nostalgia at The Forge, old film clips of musical legends Bola de Nieve, La Lupe, and Beny Moré are projected on-screen while patrons drink Mojitos and Cuba Libres. Later, local bands play live music while couples swing and sway in the Cuban way.

"There is nothing like our music," says Mario Pascal, from Santiago de Cuba in the mountainous province of Oriente. "Cubans start moving when they hear bongos."

As Joe Grillo twirls Odalys, his wife of thirty years, on the dance floor, his son Enrique dances a few paces away with his girlfriend. When the music of an old casino favorite swells, father and son try to impress each other with their fancy dance steps, which Cubans call *bailar fino*. This friendly competition is done in jest, but for a few seconds, their movements identical, the Cuban-born father and his American-born son are dancing in perfect rhythm.

discos de sus abuelos para buscar la música que un día catalogaron de "antigua". Allí, entre los viejos álbumes de Chapotín, La Lupe, y Rolando La Serie, estos muchachos hallaron algo más que el son, el danzón y el guaguancó de ayer. También encontraron sus raíces.

Angel Díaz, coreógrafo para fiestas de quince, estima que actualmente más del 50% de los jóvenes cubanos saben bailar como sus abuelos.

Y así es que ahora en Miami, Paquito Gómez y sus amigos tienen a su disposición una enorme variedad de clubes nocturnos, restaurantes y discotecas que les ofrecen la música y los músicos de su tierra. Para mencionar sólo algunos, están "La Covacha", "Bolero", "The Habana Room", "Club Tropigala", "Havana Dreams", "Rumba Room", "La Taberna", "Wuajiro's", "El Paraíso Tropical", "Hoy Como Ayer" y el club "Zarabanda", de Willy Chirino. En "Café Nostalgia at the Forge", se proyectan viejas películas de leyendas musicales como Bola de Nieve, La Lupe y Beny Moré, mientras el público bebe "mojitos" y "Cuba Libre". Más tarde, los músicos tocan "en vivo" y las parejas bailan "sabroso", a la cubana.

En tanto Joe Grillo baila con Odalys, su esposa desde hace 30 años, a pocos pasos de distancia su hijo Enrique baila con su novia. Con la contagiosa música de una pieza de casino, padre e hijo entablan una competencia que es, por supuesto, un duelo cariñoso. Sin embargo, durante unos segundos "eternos" el padre, que nació en Cuba, y el hijo, que nació en los Estados Unidos, bailan en perfecta sincronía.

Celluloid Dreams

The dearth of European and international films in Miami during the '60s and '70s prompted Natalio Chediak to open a small, unadorned "art" movie house in Coral Gables. At the time, the place had all the amenities of a small torture chamber. The floor was uneven, and the walls were rough and peeling. Standing room only meant that more than fifty people were in the house, and the screen was slightly larger than a beach towel. And torn. But it didn't matter. Cubans starved for "cinema," as opposed to "movies," gratefully flocked to La Cinematheque to see films by François Truffaut, Lina Wertmuller, and Akira Kurosawa. In the mid-1980s, Natalio founded the immensely successful Miami Film Festival, which continues to thrive and showcase films from all over the world—now projected on screens much bigger than the average beach towel.

*Natalio Chediak,
the Cuban of Lebanese
origin who founded
The Miami Film Festival.*

Sueños de celuloide

A mediados de los años 70, la gran sequía de películas europeas y del cine internacional en Miami, motivó a Natalio Chediak a inaugurar una salita para exhibirlas en Coral Gables. En aquella época, el diminuto cine tenía todas las "amenidades" de una cámara de torturas. El piso era disparejo y las paredes estaban peladas. El cine se abarrotaba con solo cincuenta personas y la pantalla era ligeramente más grande que una toalla playera y, de contra, estaba rajada. Pero eso no importaba. Los cubanos, hartos del cine facilista de Hollywood, estaban hambrientos de verdadero arte, y corrían agradecidos a "La Cinematheque" para ver lo último de François Truffaut, Lina Wertmuller y Akira Kurosawa. A mediados de los años 80, Natalio fundó el tremendamente exitoso Festival de Cine de Miami, que sigue creciendo y presentando lo mejor del cine mundial. Esta vez, por fortuna, las proyecciones son sobre pantallas bastante más grandes que toallas para la playa.

*Natalio Chediak,
el cubano de origen libanés
que fundó el Festival de
Cine de Miami.*

The National Passion
La Pasión Nacional

A SMALL TOWN on the outskirts of Havana. It is the dawn of what promises to be a glorious Saturday morning. The sun is slowly illuminating a limpid sky, and the tall green grass is still wet with dew. A ragtag team of boys ambles by, sleep still in their eyes, past neighbors' houses where the aroma of coffee and the tinny sound of a voice announcing *"radio reloj da la hora,"* a popular morning radio news show, drift outside from every wide-open window and front door. Soon the boys reach their destination: a small plot of land on the edge of town. Its dimensions are all wrong for their purpose, but it will do. These boys are, after all, experts at making do.

A flat stone, placed strategically, becomes first base; pieces of rag become second and third, and a lid from a can of paint is reserved for "home." The bats

"The Cubans gave the countries around the Caribbean rim many things, including cigars . . . but best of all they gave us baseball."
—Oscar Fuentes, Venezuelan baseball scout, to The Miami Herald.

EN UN PUEBLITO en las afueras de La Habana, es el amanecer de un sábado que promete ser glorioso. El sol ilumina lentamente el límpido cielo y la yerba aún está mojada por el rocío de la noche. Un grupo de "fiñes" avanza por las calles, con los ojos aún adormecidos. Pasan frente a las casas de sus vecinos, donde el aroma del café recién colado y el sonido inconfundible (tic tac) de "Radio Reloj da la hora" se filtra por las ventanas y las puertas abiertas, de par en par, al nuevo día. Pronto, los niños llegan a su destino: un terreno baldío en el límite del pueblo. Sus dimensiones no son apropiadas para su propósito, pero esto no los detiene. Estos chicos son, después de todo, expertos a la hora de resolver con lo que tienen.

Una piedra plana, situada estratégicamente, se convierte en primera base; un trapo es la segunda, y la

"Los cubanos les dieron muchas cosas a los países de la zona del Caribe, incluyendo el tabaco... pero lo mejor que nos dieron fue la pelota".
—Oscar Fuentes, "scout" de pelota venezolano, a "El Miami Herald".

A passion for baseball: Sissi Castillo waves Cuban and American flags at Miami's Pro Players Stadium during the first game of the World Series in 1997. The Florida Marlins won the series!

Pasión por la pelota: Sissi Castillo alza la bandera cubana y la estadounidense en el Pro Players Stadium de Miami, durante el primer juego de la Serie Mundial, en 1997. ¡Los Florida Marlins ganaron la serie!

have split in several places, but the boys have nailed them together and wrapped them tightly with adhesive tape. They hope the bats will hold. Standing in for the baseball is a confection made of string (the same used to fly kites) tightly packed around a small hard ball and mummy-wrapped in, again, adhesive tape. With each hit from the bat, the ball unravels a little. Most play *a mano limpia* (clean hand), a fancy way of saying without a glove. This is not by choice. But what these boys lack in equipment, they make up for in passion and just plain love of the game. They are about to embark, you see, on a game of *pelota,* the Cuban name for baseball. And for Cuban boys, baseball is their life.

Indeed, when the Spaniards arrived in Cuba in 1492, they found that the Siboney, the island's natives, played a game called *batos,* which involved a ball, a primitive bat carved from the trunk of a tree known as a copey oak, and running from base to

tapa de una lata de pintura se convierte en "home". Los bates se han partido en varios lugares, pero los chicos los han clavado con "puntillas de zapatero" y después los han envuelto bien en esparadrapo. Ruegan que duren hasta el final del partido. La pelota es de fabricación casera: una "pelotica" dura, de "tripa de pato", envuelta en cordel de empinar papalotes, para darle volumen, y reforzada con, de nuevo, esparadrapo. Cada vez que la pelota conecta con el bate, se desmadeja un poco. La mayoría de los niños juega "a mano limpia", que es otra forma de decir que lo hace sin guante. Esto, por supuesto, no es por elección. Pero lo que a estos chicos les falta en equipo, les sobra en pasión y en amor por el juego. Están a punto de comenzar a jugar un partido de pelota. Y para los niños cubanos –al menos los de la Cuba pre-castrista– la pelota es su vida.

Y es que el amor por este juego está muy arraigado en Cuba. Se dice que cuando los españoles llegaron a la isla en 1492, descubrieron que los aborígenes del lugar,

Future Liváns? Cuban children enjoy a game of Little League baseball at the Benny Babcock Park in Hialeah.
Overleaf: The kids of the Khouri League, a Cuban American Little League team,
learn the game of baseball and the true spirit of sportsmanship.

¿Futuros Liváns? Estos niños cubanos disfrutan de un juego de pelota de Las Pequeñas Ligas en el parque
"Benny Babcock" de Hialeah. Los chicos de la Liga Khoury, un equipo de las Pequeñas Ligas cubanoamericano,
aprenden a jugar pelota y también el verdadero espíritu deportivo.

base. Some historians suggest that the sport that eventually became known as baseball is a combination of *batos* and an English game called rounders. But whatever its provenance, by the mid-1800s baseball was being played professionally in Cuba.

Since then, great *pelota* players have achieved legendary status. Players such as Nemesio Guillot, who took baseball to countries in Central America and the Caribbean; Esteban Bellán, who in the 1870s became the first Cuban to play pro ball in the United States; José de la Caridad Méndez; Camilo Pascual; Adolfo Luque; Martin Dihigo; and Tany Perez, who has been inducted into the National Baseball Hall of Fame, have a special place in the heart of every Cuban boy or man. During the 1950s, The Sugar Kings, a Triple A team owned by Cuban Bobby Maduro played in the Florida baseball league and was close to achieving the zenith of baseball glory: big-league status. A popular saying at the time was *un pasito más y llegamos* (another small step and we'll make it). Cuban baseball players truly were the boys of summer.

Those hopes came to a sad and abrupt end when Castro abolished professional baseball during the

los indios siboneyes, jugaban un partido de lo que ellos llamaban "batos", un juego que involucraba una pelota, un bate rudimentario, hecho del tronco de un arbol llamado Copey, y correr de base en base. Algunos historiadores sugieren que el deporte que llegó a ser conocido como baseball, es una combinación de "batos" y un juego inglés llamado "rounders". Pero sea cual sea su origen, ya en los años de 1800 el béisbol se jugaba profesionalmente en Cuba.

Desde entonces, grandes peloteros cubanos han adquirido fama internacional: Nemesio Guillot, que llevó el juego a los países de Centroamérica y el Caribe; Esteban Bellán, quien, en los 1870, se convirtió en el primer beisbolista cubano que jugó pelota profesional en los Estados Unidos; José de la Caridad Méndez; Camilo Pascual; Adolfo Luque; Martín Dihigo; y Tany Pérez, quien ha sido distinguido con un lugar en el Hall de la Fama de pelota de los Estados Unidos, son sólo algunos de los nombres que tienen un lugar especial en el corazón de los cubanos. Durante los años 50, los "Sugar Kings", un equipo triple A que jugaba en la liga de la Florida, propiedad del hombre de negocios Bobby Maduro, casi logra alcanzar la

Cubans know him as Tany Pérez; Americans know him as Tony Pérez.
But no matter how you spell his name, this big-league player,
now manager for the Florida Marlins, is a legend of Cuban baseball.

Los cubanos lo conocen como Tany Pérez; los estadounidenses, como Tony Pérez.
Pero no importa cómo lo llamen, este jugador de las Grandes Ligas,
ahora administrador del equipo de los Florida Marlins, es una leyenda del béisbol cubano.

first years of the Revolution. But Cubans' passion for the game never diminished and was carried with the exiles to their new home.

Sportsman's Paradise

It's no wonder the love of sports thrived in Cuba. Blessed with clear blue skies and year-round warm weather, the island was a perfect place to nurture outdoor life, from fishing, swimming, and canoeing, to basketball, volleyball, and soccer. Those who were better off financially enjoyed tennis, golf, horseback riding, and elite sports like lawn polo and fencing.

In Havana, fans flocked to boisterous *lucha libre* (wrestling) matches; others went to *El Palacio de los gritos* (the palace of screams), in Belascoaín Street, to bet money on a game of jai alai, a sport somewhat reminiscent of racquetball, imported from the Basque region of Spain. Boxing was—and still is— a close second in the national fervor, and Cubans boast of many great *boxeadores* and world champions: José "Mantequilla" Nápoles, Gerardo "Kid Gavilán" González, and Luis Galvani, among

cumbre de la gloria en el béisbol: llegar a jugar en las Grandes Ligas. En aquella época, el estribillo popular era "un pasito más y llegamos".

Pero llegó el tirano y todos estos sueños de gloria rodaron por el suelo cuando, durante los primeros años de la revolución, Fidel Castro acabó con la pelota profesional en Cuba. Aún así, el amor de los cubanos por este deporte nunca menguó, y los exiliados lo llevaron con ellos a su país adoptivo.

El Paraíso de los deportistas

Bendecida por la naturaleza, la mayor parte del año, con un maravilloso clima cálido y fresco, la isla de Cuba siempre ha sido un paraíso para los amantes del deporte y de la vida al aire libre. Allí se practicaba la pesca, la natación, el volibol, el baloncesto y el tenis; los que disfrutaban de una buena posición económica practicaban el golf, la equitación y los deportes de élite, como el polo y la esgrima, en clubes privados como el "Biltmore" y el "Havana Yacht Club". En La Habana, los fanáticos de la lucha libre asistían a estos eventos (aunque era vox populi que éstos estaban "arreglados");

Two generations of world boxing champions:
Joel Casamayor, left, and Gerardo "Kid Gavilán" González, inset.
Boxing legend Gavilán resides in a nursing home in Hialeah.

Dos generaciones de campeones mundiales:
Joel Casamayor y, arriba, Gerardo "Kid Gavilán" González. Gavilán,
una leyenda del boxeo cubano, reside en un asilo para ancianos de Hialeah.

them. The tradition carries on in the Cubans' new home. Today, professional boxing matches held in the casino of the Miccosukee Indian Reservation in Miami showcase exile pugilist talent such as world champion Joel Casamayor, Eliseo Castillo, and Ramón Garvey, to cite just three.

Still, every Cuban will tell you that the national pastime—although to be accurate one would have to say the national passion—has always been, and continues to be, baseball.

"Take Me Out to the ... *pelota*"

Before Castro outlawed professional baseball, Cuban baseball fans would gather in bodegas and coffee shops to listen to the game as it was broadcast live on the radio. Men of all ages would cheer for their favorite player. Sometimes a fight would break out. Friends who disagreed with the umpire's call would stop speaking to each other. Baseball widows became resigned to their fate, though in fact, many Cuban women loved baseball. Everyday life would come to a stop while Cubans watched their beloved games.

Over ninety miles away and many years later, three generations of Cuban exiles—a father, his two sons, and two grandchildren—sit in front of a large-screen television set in the family room of the parental home in Hialeah. They are watching a baseball game and passionately cheering, shouting, arguing, and rooting for a favorite player.

"Look at Liván go!" shouts Eliseo, the father.

otros iban al llamado "El Palacio de los gritos", en la calle Belascoaín, a apostar dinero en un partido de jai a lai, un deporte importado de la región vasca de España. El boxeo era, y sigue siendo, el segundo deporte en el fervor nacional, y Cuba puede hacer alarde de sus grandes boxeadores: José "Mantequilla" Nápoles, "Kid" Chocolate (¡a quien nunca le golpearon la cara!) y Gerardo "Kid Gavilán" González. Y la tradición sigue viva en Miami. Hoy, los campeonatos de boxeo profesional que tienen lugar en la reservación de los indios Miccosukees en Miami, muestran el talento pugilista del exilio, como el campeón mundial Joel Casamayor, Eliseo Castillo y Ramón Garvey, por citar sólo a tres.

Aún así y a pesar del gran talento cubano que hay en el boxeo, todo cubano le dirá que el deporte nacional de Cuba es la pelota, aunque para ser precisos hay que decir que el término correcto es la "pasión nacional".

Estrellas del diamante

Antes de que Fidel Castro acabara con el béisbol profesional en Cuba, los fanáticos de la pelota se reunían en las bodegas y los chinchales a escuchar el partido, que era transmitido en directo por la radio. Los hombres de todas las edades, gritaban, discutían y abogaban por las virtudes de su jugador favorito; la rivalidad entre los equipos "La Habana" y el "Almendares" era legendaria y a veces se desataban peleas cuando dos amigos estaban en desacuerdo con la decisión del "umpire". La vida, literalmente, se paralizaba cuando comenzaba la temporada de pelota.

There are many Cubans in major league baseball. Cuban-born Cookie Rojas,
formerly third-base coach for the New York Mets, is now with the Toronto Blue Jays.

*Actualmente hay muchos cubaos en las Grandes Ligas del béisbol. El cubano Cookie Rojas,
que quien fuera entrenador de tercera base para el equipo de los "New York Mets",
actualmente está con los "Toronto Blue Jays".*

¡Alabao! *The City of Miami wins the Youth Baseball World Series.*
Right: Shaking her maracas, Inés Gutiérrez celebrates a Florida Marlins' victory, Cuban style.

¡Alabao! La Ciudad de Miami gana la Serie Mundial Juvenil de Béisbol.
Derecha: A sonar las maracas: Inéz Gutierrez celebra la victoria del equipo de los Florida Marlins, muy a la cubana.

He left Cuba in 1963 and feels that "every day I am more Cuban." His sons and grandchildren watch the action as if mesmerized. The young pitcher on their television screen is Liván Hernández. This amazingly talented player defected from Cuba in the mid-'90s. In 1997, he played with the Florida Marlins. That year, the team won the World Series. For these men, Liván and his compatriots symbolize the glory, the legacy, the frustrated hopes and dreams, as well as the future, of Cuban baseball.

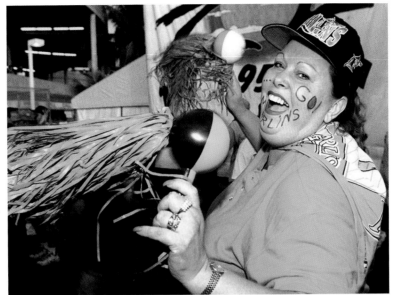

"Cuba has always been a quarry of great players. You just keep digging them up!" says Eliseo. "Outside of Cuba, we have no home team to root for, so we focus on individual players. Sometimes we even root for other cities' leagues, like Texas or San Francisco, just because their team has a Cuban player."

Humberto, one of Eliseo's two sons, was born in the United States and is an ardent fan of Cuban American baseball players. "Every time one of 'ours' performs well on the baseball diamond," he says with great passion, "it shows Fidel that he may have destroyed our country, but not our pride and our traditions, and certainly not the quality of our athletes."

It helps, of course, that the Cuban exile commu-

A un poco más de 90 millas de distancia, y muchos años después, tres generaciones de exiliados cubanos – el padre, el hijo y los dos nietos– están sentados en el "family room" de la casa del padre en Hialeah, viendo un partido de béisbol en su televisor de pantalla gigante... y gritando, discutiendo y alentando a su jugador favorito.

"¡Mira a Liván!", grita el padre, Eliseo, que se fue de Cuba en 1963 y que, según él, "cada día me siento más cubano". Su hijo y sus nietos miran ansiosamente la acción que se desarrolla en la pantalla. El joven "pitcher" que los mantiene en un estado casi hipnótico es Liván Hernández. Este beisbolista de increíble talento se exilió a mediados de los años 90. En 1997 jugó con el equipo de los "Florida Marlins" y, ese año, ganaron La Serie Mundial. Para estos hombres, Liván y sus compatriotas, que juegan pelota profesional fuera de Cuba, simbolizan la gloria, el legado y los sueños frustrados, además del esperanzador futuro, del beisbol cubano.

"Cuba siempre ha sido una cantera de grandes peloteros", declara Eliseo. "Como nación, nuestros sueños de pelota profesional han sido destrozados, porque cuando ese loco llegó al poder, acabó con el deporte. Fuera de nuestro país, los cubanos no tenemos un equipo nacional. Por eso nos concentramos en los jugadores individuales. A veces vemos los juegos de los

nity settled in the United States, a country that loves baseball with equal fervor. According to veteran sports writer Manolo Alvarez, "As soon as a Cuban American child turns five years old, the father becomes his coach and takes him to Little League games and tells him about Cuba's baseball greats. In Miami, there are several academies, like Palmar de Junco and Los Cubanos Libres, where children learn to play the game. A Cuban American kid knows that this is not a sport that he happened to pick up in his parents' adopted country. Baseball is as much Cuban as it is American."

The list of Cubans playing pro ball in the United States is stellar. It includes José Canseco, Jorge Fábregas, Ariel Prieto, Alex Fernández, Rafael Palmeiro, Osvaldo Fernández, Tony Fossas, Reynaldo Ordoñez, Eli Marrero, Alex Ochoa, Ricky Gutiérrez, and Liván Hernández and his brother Orlando "El Duque" Hernández. Most profess a deep love for Cuba and a reverence for legendary Cuban baseball legends, but they echo, to a man, the

equipos de otras ciudades, como Texas o San Francisco, porque esos equipos tienen un jugador cubano".

Humberto, uno de los dos hijos de Eliseo, nació en los Estados Unidos y es un ardiente fanático de los beisbolistas cubanoamericanos. "Cada vez que uno de los nuestros triunfa en el terreno", dice con pasión, "le deja saber a Fidel que él ha destruido nuestro país, pero no nuestro orgullo, ni nuestras tradiciones y mucho menos la calidad de nuestros atletas".

Por supuesto, ayuda que los cubanos fueron a radicar a los Estados Unidos, un país que, como Cuba, es amante del beisbol. Según el veterano periodista deportivo Manolo Alvarez, "Apenas un niño cubanoamericano cumple cinco años, su padre se convierte en su entrenador y lo lleva a los juegos de Las Pequeñas Ligas, y le habla de los grandes peloteros cubanos. En Miami hay varias academias donde los niños aprenden a jugar pelota, como la 'Palmar de Junco' y 'Los cubanos libres'. Un niño cubanoamericano sabe que este deporte no es algo que ha adquirido en el país adoptivo de sus padres. El beisbol es tan cubano como estadounidense".

Trademark stance: Orlando "El Duque" Hernández
gets ready to pitch and . . . (right) releases the ball

Con su estilo único: Orlando "El Duque" Hernández
se prepara para lanzar y. . . (derecha) ¡lanza la bola!

Big Five and Other "Good Sports"

Cubans' love of sports is alive and well in exile. Members of Miami's The Big Five—a club that, as its name suggests, combines the biggest five social clubs of pre-Castro Havana, including the Miramar, the Vedado, and the Havana Yacht Club—enjoy sports *al aire libre*, such as tennis, basketball, swimming, and yearly fishing tournaments in Bimini. Those who once flocked to *El Palacio de los gritos* in Belascoaín Street, now fill Miami's jai alai stadium to capacity. And *los perros*—a spectator sport that became popular among Cubans during the early 1970s—still attracts fans to the races at Flagler Dog Track.

Inset: Manny Cancio plays a fast game of jai alai, a sport from the Basque region of Spain. In pre-Castro Havana, fans flocked to the palace of screams, as they called the jai alai stadium.

El Big Five y otros deportes

El amor de los cubanos por el deporte está "vivito y coleando" en el exilio. Los miembros del "Big Five Club" de Miami, un club que, como su nombre lo indica, combina los cinco clubes sociales más prestigiosos de La Habana pre-castrista, incluyendo el "Miramar", el "Vedado" y el "Havana Yacht Club", disfrutan de los deportes al aire libre, como el tenis, la natación y las excursiones anuales de pesquería a Bimini. Aquellos que frecuentaban "El Palacio de los gritos", en la calle Belascoaín, ahora llenan el estadio de jai a lai de Miami. Y las carreras de perros, un deporte de espectadores que se hizo muy popular entre los cubanos durante los años 70, aún atrae fanáticos al Flagler Dog Track.

Inserto: Manny Cancio realiza una movida rápida durante un partido de jai a lai, un juego oriundo de la región vasca de España. En La Habana pre-castrista, los fanáticos abarrotaban "el Palacio de los gritos", como le llamaban al estadio de jai a lai.

feeling expressed by Liván Hernández when he shouts, "I love you, Miami!" To Cuban athletes, Miami represents freedom and limitless possibilities.

"Some of these men are able to have careers in professional baseball because they have grown up in exile or defected while still young enough to play the game," says Francisco "Panchón" Herrera. Growing up in Santiago de las Vegas, near Havana, he was one of those kids who played early morning baseball with a bat wrapped in adhesive tape and a homemade ball. Panchón began his professional career in the early 1950s, playing in the United States' "colored" leagues. Eventually, he graduated to the big leagues. When he looks back, he becomes convinced that "If Castro hadn't taken over, we would have made it to the big leagues." He states this belief with conviction and quiet resignation. "We lost," he adds with great understatement, "a wonderful opportunity."

"Home" in a New Land

Still, old dreams die hard, and sometimes a new land is fertile ground for new beginnings. In a baseball field in Coral Way, across from a Cuban cafeteria and a pharmacy, where old men stop to pick up a newspaper and sometimes cross the street to watch the game, kids as young as five years old amble up to bat or try to perfect their pitch. Their proud and anxious parents watch from the stands, cheering them on in English and in Spanish. From the sidelines, some fathers take up the correct

La lista de los cubanos que juegan beisbol profesional en los Estados Unidos está llena de grandes nombres: José Canseco, Jorge Fábregas, Ariel Prieto, Alex Fernández, Rafael Palmeiro, Osvaldo Fernández, Toni Fossas, Reynaldo Ordoñez, Eli Marrero, Alex Ochoa, Ricky Gutierrez, y Liván Hernández y su hermano, Orlando "El Duque" Hernández. La mayoría profesa un gran amor a Cuba y un mayor respeto por las leyendas del beisbol cubano, pero todos se hacen eco de las famosas palabras de Liván Hernández: "I love you, Miami!". Y es que para los atletas cubanos, Miami representa la libertad y las oportunidades que les son negadas en Cuba, donde no sólo el equipo, sino cada uno de los jugadores es "propiedad del estado".

"Muchos de estos jugadores han podido hacer una carrera profesional en la pelota proque crecieron en el exilio o se fueron de Cuba cuando todavía tenían juventud para jugar", explica Francisco "Panchón" Herrera, que creció en Santiago de las Vegas, un pueblo cerca de La Habana, y era uno de esos niños que jugaba pelota con el bate remendado con esparadrapo y la pelota hecha en casa. "Panchón" comenzó su carrera profesional en los años 50, jugando en las ligas de color de los Estados Unidos. Eventualmente se graduó a las Grandes Ligas, e incluso ganó la Triple Corona, un honor que muy pocos latinos han logrado. Cuando él mira hacia atrás, se convence de que "si Castro no hubiera llegado al poder, los cubanos hubiéramos llegado a las Grandes Ligas". Esto lo dice con convicción y, sin duda, con una triste resignación. "Perdimos una gran oportunidad", concluye.

batting stance for their boys. The children watch and imitate.

"Yes, some of us hope that our kid will be the next Liván or Canseco," admits a young father with a smile. "'The great Cuban hope.' It'd be wonderful if it happened! But really, we are here for love of baseball and love of the game." As he speaks, Cuban children pitch and bat and run and slide in the dewy grass. It is the dawn of what promises to be a glorious Saturday morning.

"Home" en el exilio

Aún así, los sueños no mueren fácilmente, y muchas veces una nueva tierra es campo fértil para que se den otros sueños. En un campo de pelota ubicado en Coral Way, frente por frente a una cafetería cubana y a una farmacia donde los viejos pasan a buscar un periodiquito, y en algunas ocasiones cruzan la calle para ver el juego, niños pequeños, algunos de cinco años, adoptan la posición del bateador y tratan de perfeccionar su lanzamiento. Sus nerviosos y orgullosos padres miran desde las gradas, alentándolos en inglés y en español. Algunos padres se acercan al campo, para enseñarle a sus hijos cómo sostener el bate. Los niños observan, e imitan.

"Sí, algunos de nosotros tenemos la esperanza de que nuestro hijo sea el próximo Liván o Canseco", admite un joven padre con una sonrisa. "'La gran esperanza cubana'. Sería maravilloso si pasara. Pero en realidad estamos aquí porque nos gusta el juego". Mientras él habla, niños cubanos corren, lanzan la bola, y se deslizan a primera, segunda y tercera base sobre la yerba mojada de rocío. Es el comienzo de un sábado que promete ser glorioso.

Baseball player José Canseco autographs baseballs
for his young fans at Centro Mater in Little Havana.

El famoso pelotero José Canseco autografía pelotas de béisbol
para sus pequeños fans en el "Centro Mater" de La Pequeña Habana.

Reclaiming Paradise
Reclamar el Paraíso

WHEN THE FIRST *exilios* arrived in their new country, they brought with them few material possessions. Most had only the clothes on their backs, an immense sadness for loved ones left behind, and a dream for the future. Struggling to find their way in an unfamiliar world, they set down new roots, some on fertile land, others on rocky soil. And for the most part, they thrived wherever they landed, nurtured by their ideals, their community, and the freedom they found in their new land.

"It will be a beautiful day! I'll return to a free Cuba, and I will kneel and kiss the ground..."
—Mirta Rubiera, who left Cuba during the 60s.

Yet however well Cubans adapted in exile, however hard they worked to see their children and grandchildren live in freedom, there was one other dream they held on to: that their history and their culture would survive. Their Cuba—the colorful, bountiful island home they loved—must be there for future generations.

And so in those early days of exile, in every new

LOS PRIMEROS exiliados llegaron a su nuevo país con muy poco. En muchos casos, lo hicieron únicamente con la ropa que llevaban puesta, con una infinita tristeza por los seres queridos que dejaron atrás y con un sueño para el futuro. Y a la vez que luchaban por sobrevivir en un mundo extraño, trataban de sembrar sus raíces, unas veces en tierra fértil, otras, en un terreno rocoso. En la inmensa mayoría de los casos, en todos los sitios que llegaban florecían alimentados por sus ideales, por su comunidad y por la libertad que hallaron en su nueva tierra.

"¡Será un día hermoso! Regresaré a una Cuba libre, me arrodillaré y besaré mi tierra..."
—Mirta Rubiera, que dejó Cuba durante los años 60.

Sin embargo, a pesar de lo bien que se adaptaron al exilio y de lo duro que trabajaron para que sus hijos y nietos crecieran en libertad, ellos se aferraban a un sueño: que su historia y su cultura sobrevivieran; que su Cuba —esa hermosa, generosa y democrática isla que tanto amaban— continuara

A Cuban couple enjoy an early morning stroll at El Farito (The Little Lighthouse), in South Florida.

Un matrimonio cubano disfruta de un paseo mañanero por la playa de "El Farito", en el sur de la Florida.

home, from Union City to New York City, from Hialeah to Little Havana, parents told their children stories of "how it used to be" growing up in Havana, Pinar del Río, and Camagüey. Grandparents sang babies to sleep with old Cuban lullabies, and in private schools and religious academies, teachers told their students about men of honor like José Martí and Antonio Maceo. The exile community instilled in their young a deep, abiding love for *la familia,* and respect for the traditions and customs of the land they left behind.

In the years since those early pioneers arrived, many others have joined them. Even today, freedom-seeking Cubans continue to risk their lives in the open sea trying to reach Florida's shores.

And no matter how many years they have spent in exile or how much success their children and grandchildren have attained, they still hold on to the dream: that one day they will return to the place many of them call *el amor de mi vida* (the love of my life).

para las generaciones futuras. Por esto, en todo hogar de exiliado, tanto en Union City y en Nueva York, como en Hialeah y en La Pequeña Habana, los padres les contaban a sus hijos historias de su niñez en La Habana, en Pinar del Río y en Camagüey. Los abuelos arrullaban a los niños con viejas canciones de cuna cubanas, y en las escuelas privadas y en las academias religiosas los maestros les enseñaban a sus estudiantes la historia de hombres de honor como José Martí y Antonio Maceo. La comunidad del exilio les inculcó a sus hijos un profundo amor por la familia y respeto por las tradiciones y las costumbres de su tierra.

Desde la época de los primeros refugiados, muchos se han venido sumando. Incluso hoy, muchos siguen arriesgando su vida en el ancho mar en su afán por llegar a tierras de libertad. Sin embargo, a pesar del largo tiempo que han pasado en el exilio y del éxito obtenido, estos triunfadores conservan intacto un sueño: volver a la tierra que muchos llaman "el amor de mi vida".

"No importa dónde estemos o lo bien que vivamos; la mayoría de los cubanos sentimos la obligación de regresar y hacer que nuestro país vuelva a ser lo que era

At Coral Gables Elementary School, where Spanish is part of the curriculum,
Beba Pantín-Fernández supervises students during a mock election.

En la Escuela Elemental de Coral Gables, donde el idioma español es parte del programa de estudios,
Beba Pantín-Hernández supervisa a los alumnos durante un simulacro de elecciones.

Five generations of Cuban women.
From left: Marelina Sánchez, Elida Sánchez, Lourdes Pereira, Aleida López, Lissette Pereira, and Olivia and Isabella López.

Cinco generaciones de mujeres cubanas. De izquierda a derecha:
Marelina Sánchez, Elida Sánchez, Lourdes Pereira, Aleida López, Lissette Pereira, y Olivia e Isabella López.

"No matter where we are, or how well we live, most Cubans feel an obligation to go back and return our country to the way it used to be," says Ismael Pérez, who was among the early *exiliados* of the '60s. Angela Haydée Aguilera-Toranzo, from the city of Holguín, in the province of Oriente, agrees. "Cubans with the means to rebuild our country will go back and help reconstruct."

This is not an "impossible dream" fueled by exile

antes", dice Ismael Pérez, que se fue de Cuba durante los años 60. Angela Haydeé Aguilera Toranzo, de la ciudad de Holguín, en la provincia de Oriente, concuerda: "Los cubanos con los recursos para hacerlo, regresarán a reconstruir".

Esto no es un "sueño imposible" alimentado por la nostalgia de los exiliados. Para muchos cubanos, es la misión de sus vidas.

Julián Márquez-Sterling asegura: "Aunque la Cuba

Brand new day: Cuban American boys enjoy a glorious day of sunshine at South Pointe Pier, in South Beach.

Un nuevo día: niños cubanoamericanos disfrutan de un glorioso día de sol en South Pointe Pier, en South Beach.

nostalgia. For most Cubans, this is a life's mission.

Julián Márquez-Sterling expresses this mission eloquently. "While the Cuba of my parents, the beautiful country that I loved, no longer exists, Cubans in Miami—and Cubans everywhere—have preserved our traditions and our way of life. We sacrificed to give our children the wings of freedom. But we also gave them our roots. And the younger generation has repaid us by keeping them alive. One day, when the wall that divides us crashes down, our children will return to replant those roots in a free Cuba."

✦ ✦ ✦

"Once upon a time there was an Island. It was blessed with natural beauty, a wonderful climate, and beautiful Sons and Daughters inspired by the Love of God and Family. One day, they were scattered across five continents, like shooting stars, illuminating the firmament with their graces, talents, and personalities.

"In this book you have met many of them. They have impressed people, whether with the industrious lives they live in their adopted country or with their contributions in the arts, science, sports, music, and folklore. But most of all, with their undying love for their homeland, Cuba."

—Artists Sahara, Michael, and Haydée Scull

de mis padres, el hermoso país que yo amaba, ya no existe, los cubanos de Miami, y los cubanos de todas partes, hemos preservado nuestras tradiciones y nuestra forma de vida. Nosotros nos sacrificamos para darles a nuestros hijos las alas de la libertad. Pero también les dimos nuestras raíces. Y la nueva generación hoy nos paga conservándolas vivas. Un día, cuando ese muro que nos divide se caiga, regresarán a sembrarlas en una Cuba libre".

✦ ✦ ✦

"Había una vez una isla dotada de todas las bellezas naturales, con un clima maravilloso, y unos hijos bellos, inteligentes e inspirados en el amor a Dios y a la familia. Un día, ellos se esparcieron por los cinco continentes como un reguero de estrellas, iluminando el firmamento con sus gracias, sus talentos y sus personalidades".

"En este libro usted ha conocido a muchos de los que lograron impresionar al mundo entero por sus aportes en los campos de las ciencias, las artes, la música, los deportes, el folclor y, sobre todo, aquellos que han impactado por haber demostrado el amor a su patria, Cuba".

—Sahara, Michael y Haydée Scull

INDEX

Page numbers in *italics* refer to illustrations and captions

INDICE

Los números de página que aparecen en *letra cursiva* corresponden a las ilustraciones y a los pies de fotos.

ACKNOWLEDGMENTS

A heartfelt thank-you to Barbara Morgan, truly a writer's dream. Her professionalism and dedication are matched by her grace and kindness; to Marjorie Palmer and Roberto Uría Hernández, the wonderful editors who improved my words; to the excellent Marguerite Daniels, for her commitment and professionalism; to C.M. "Guerrerito," for his brilliant vision, and to Richard Berenson for putting it all together so beautifully. A special debt is owed to Raquel Roque and to all the people who so generously shared their knowledge and memories. And to my family in both countries, especially my brother Jochy,
for his love, generosity, and guidance; to Tía Yolanda, for inspiring my love of writing and for the magic; to Abuela Alicia, for the wonder; to "Sapaletta," for her childhood,
and to the town of Santiago de las Vegas, for mine.
—Giselle Balido

My heartfelt gratitude to María Jannace and Raúl de Molina, two wonderful and talented friends responsible for the "spark" I needed to start my career in photojournalism. A sincere and warm appreciation to my good friends Walter Michot and Charles Trainor, Jr., two of my colleagues at *The Miami Herald*,
who were always there to assist me. And to Giselle Balido, for her wonderful way with words.
Special thanks to Marc Serota, Orlando Mellado, Humberto Castello, Carlos Castañeda, and Alberto Ibarguen for their absolute and complete support; to Barbara Morgan, for her guidance and wisdom,
and for giving me the opportunity to contribute to this fabulous book; and to Richard Berenson,
my new friend, who assisted me with everything technical throughout this project.
And last, but not least, to my immediate family members Alberto, Eduardo, Ileana, Jenny, and Aldo.
—C.M. Guerrero

CREDITS

The following books were helpful in my research for this book:
Cuba: Between Reform and Revolution, Louis A. Pérez (New York: Oxford University Press);
Cuban Miami, Robert M. Levine and Moisés Asís (Rutgers University Press);
A Century of Cuban Writers in Florida, Carolina Hospital and Jorge Cantera (Sarasota: Pineapple Press);
and *The Cuban Americans*, Miguel González-Pando (Westport, CT: Greenwood Press).

All photos © 2001 C.M. Guerrero except as listed below:
Page 15 - courtesy Mayor Albio Sires, Town of West New York, New Jersey;
Page 22–23 - © Getty Images; Page 208 - © Reuters NewMedia Inc./CORBIS
Page 215 - © AFP/CORBIS
Pages 5, 7, 16, 17, 39 (Aleida Leal), 39 (Samy), 43, 47, 51, 52 (Leticia Callava), 55, 56 (Andy Garcia),
59, 61, 64 (Father Vallina), 65, 66, 68, 86-89, 93, 97, 99 (Calle Ocho dancer), 104, 105, 145, 146,
149, 154, 172, 194, 200, 211-214, 216, 219, 222-224 - © *The Miami Herald* and *El Nuevo Herald*.

C.M. Guerrero thanks Casa Larios for assistance with the photos on pages 20 and 126;
and Unidos Market in Hialeah for assistance with the photo on page 139.